Wunderwerk Text

Literaturwettbewerb 2019

Auslese

Herausgeber "Die Gruppe 48 e.V."

Impressum

© 2019 Die Gruppe 48 e.V. (Hrsg)
vertreten durch Dr. Hannelore Furch, 1. Vorsitzende

Cover & Layout:
© 2019 Jutta Schütz & Dr. Hannelore Furch

Redaktion: © 2019 Dr. Hannelore Furch
Korrektorat: © 2019 Dr. Uta Oberkampf
Foto (writer icon): © 2019 aeroking - fotolia.com.

Flügelobjekt: Rosemarie Bühler (Beschreibung siehe Seite 11)

Buchsatz: © 2019 Jutta Schütz
www.jutta-schuetz-autorin.de

Jury:
Henry Kersting, Dr. Marina Linares, Ingo Mirus, Kurt Nickel,
Dr. Uta Oberkampf, Dr. des. Friederike Römhild

© 2019 Herstellung und Verlag:
BoD – Books on Demand, Norderstedt

ISBN 978 3749469680

Bibliografische Information der Deutschen Nationalbibliothek:
Die Deutsche Nationalbibliothek verzeichnet diese Publikation in der Deutschen Nationalbibliografie; detaillierte bibliografische Daten sind im Internet über http://dnb.d-nb.de abrufbar.

Inhaltsverzeichnis

Vorwort

Prosa

Lyrik

Es ist mehr als klassisches bürgerschaftliches Engagement, was "Die Gruppe 48" auf die Beine stellt

Als im Frühjahr 2017 das Telefon bei mir klingelte und Hannelore Furch, heute Vorsitzende der Gruppe 48 e.V., die Idee eines Literaturwettbewerbs nach dem Vorbild der legendären „Gruppe 47" um Schriftsteller Hans Werner Richter vorstellte, konnte sie nicht ahnen, dass sie es mit einem eingefleischten Mathematiker zu tun hatte, der nicht für sich in Anspruch nimmt, etwas von Literatur zu verstehen. Mit Hartnäckigkeit, aber auch mit einer ansteckenden Euphorie und einem klugen Konzept überzeugten Furch und ihre Kollegen mich schließlich, mit meiner Stiftung zur Förderung des bürgerschaftliches Engagements das neue Format eines Literaturwettbewerbs mit Publikumsvotum und Preisvergabe zu unterstützen. Denn was die Vereinsmitglieder und Literaturbegeisterten ehrenamtlich auf die Beine stellen, ist nicht nur klassisches bürgerschaftliches Engagement, sondern trägt überdies auch dazu bei, mit einem Angebot Sprachtalente zu entdecken und zu fördern. 2019 werde ich den Literaturwettbewerb zum dritten Mal mit Preisgeldern für die sechs Finalisten unterstützen und ich muss sagen, auch als Mathematiker habe ich viel Freude an den hochkarätigen Vorträgen gehabt.

Erstmals legen die Veranstalter eine Anthologie auf mit den Texten der Preisträger und weiteren qualitätsvollen Beiträgen der Teilnehmerinnen und Teilnehmer, um damit auch den Mut und die Kreativität der Künstler zu belohnen, die es nicht ins Finale geschafft haben. Sie als Leser haben damit die wunderbare Möglichkeit, noch mehr gute deutschsprachige Literatur zu genießen. Ich begrüße diese Initiative sehr und wünsche Ihnen viel Spaß beim Lesen.

Ihr Jürgen Rembold

Dr. Jürgen Rembold Stiftung zur Förderung des bürgerschaftlichen Engagements

Die 2011 von Dr. Jürgen Rembold gegründete Stiftung fördert gemeinnützige Initiativen, die bürgerschaftliches Engagement und damit gemeinwohlorientiertes Handeln anstoßen und unterstützen aus den unterschiedlichsten Bereichen wie zum Beispiel Kunst und Kultur, Bildung und Erziehung, Jugend- und Altenhilfe, Wissenschaft und Forschung sowie Umwelt- und Naturschutz.

Weitere Informationen finden Sie auf Facebook und unter www.remboldstiftung.de

Eine Auslese unseres Literaturwettbewerbs 2019

Mit unseren jährlichen Literaturwettbewerben möchten wir die deutschsprachige Literatur fördern und talentierten Autoren eine Chance geben, sich mit ihren Texten im Literaturbetrieb zu etablieren. Gerade bei der Menge der literarischen Titel, die Jahr für Jahr produziert werden, bedarf es vieler Systeme zum Herausfiltern förderungs- und preiswürdiger Texte. Wir verstehen uns als eines dieser Filtersysteme und beschränken uns auf die Gattungen Prosa und Lyrik. Unseren Blick richten wir vorzugsweise auf Texte, die sich einmischen - literarisch hochwertig, auf eine unverkennbare, eigene Art ihres möglichst noch unbekannten Urhebers.

Zu unserem Wettbewerb 2019 reichten uns 521 Autoren ihre Textbeiträge ein. Wir danken allen Autoren, denn die Anthologie besteht aus ihren Texten. Unser Dank gilt auch den Jurymitgliedern für ihre große ehrenamtliche Leistung, die sie mit dem Sichten, Lesen, Beurteilen und Auswählen der Texte erbracht haben. Das Auswahlverfahren ist stets anonymisiert und schließt auch das Verfahren zur Ermittlung der Text-Beiträge für unsere jährliche finale Wettbewerbsveranstaltung ein. Sie findet in diesem Jahr am 08.09.2019 statt und wie in den Vorjahren in Rösrath, in der Bildungswerkstatt von Schloss Eulenbroich. Mit den Geldern unserer beiden Sponsoren, der Dr. Jürgen Rembold Stiftung für das bürgerschaftliche Engagement und Dr. Uta Oberkampf (alias Uta Harst), beide mit Sitz in Rösrath, können wir am Wettbewerbstag Preisgelder von insgesamt 8.000 Euro vergeben. Wir bedanken uns dafür bei unseren Sponsoren.

Die sechs Text-Beiträge der Finalrunde des Wettbewerbs 2019 sind in dieser Anthologie vertreten und wurden eingereicht von folgen-den Autoren(innen): Reimer Boy Eilers, Mechthild Bordt-Haakshorst und Tobias Pagel (Lyrik), Selim Özdogan; Alexandra Lüthen und Peter Coon (Prosa). Mit den Wettbewerbstexten weiterer Autoren bietet unsere Anthologie eine große Auswahl an Themen und ihrer literari-schen Verarbeitung.

Hannelore Furch

Die Gruppe 48 e.V., 1. Vorsitzende

Balance zwischen Wissen und Nichtwissen

Oder was ist gute Literatur?

„Wir haben uns der Förderung guter deutscher Literatur verschrieben", steht auf der Homepage des Literaturvereins „Die Gruppe 48". Die Ausschreibungsbedingungen fordern Texte, die „literarisch anspruchsvoll sind".

Was ist damit gemeint?

Die Kritik an der Inhalts- und Formlosigkeit der deutschen Gegenwartsliteratur wird von verschiedensten Seiten geäußert. Schuld daran habe der Literaturbetrieb selbst, der immer mehr einer Verkaufsbörse gleiche.

Bei der Gründung der Gruppe 48 waren sich die Mitglieder einig, dass Literatur mehr sein sollte, als ein leicht konsumierbarer Wegwerfartikel, in Schreibschulen passend gemacht für den Allerweltsgeschmack.

Die Frage bleibt: Was ist gute Literatur?

Objektive Kriterien dafür zu finden, ist schwer. Dieter Gelfert nennt in seinem Ratgeber als Kriterien unter anderen Welthaltigkeit und Authentizität. Das sind frag-würdige Begriffe. Die Welt in ihrer Komplexität und Vielschichtigkeit beschreibend sichtbar werden zu lassen, ist nur ausschnittweise möglich, wenn ihre Darstellung authentisch sein soll.

Dafür braucht es Schöpferkraft, die nicht in Schreibschulen erworben werden kann. Dafür braucht es Eigenständigkeit sowohl in der Behandlung des Sujets als auch der dafür verwendeten Sprachmit-tel; eine unverwechselbare Eigen-Art des Schreibens also, das im-mer wieder den „Grenzpunkt der Worte" (Schopenhauer) in Erfahrung bringen will, um den „Horizont für den Tag" (Handke) zu bestimmen. So kann ein Verdichten entstehen, das gleichzeitig die gewohnten Sichtweisen aufzubrechen vermag.

In der Antike gab es für diesen Vorgang das Bild des geflügelten Pferdes, das der Dichter besteigt, um von dieser erhöhten Position aus horizonterweiternd ins Offene blicken zu können. Aus dieser Haltung zu schreiben ist ein waghalsiges Unternehmen, in dem bei der Schilderung des Vorder-Gründigen immer ahnungsweise auch das Ab-Gründige mitschwingen kann, als eine

„Balance zwischen Wissen und Nichtwissen" (Elias Canetti)

Uta Oberkampf

Die Gruppe 48 e.V., Sponsorin und Vorsitzende der Jury

Ikarus

Flügelobjekt von Rosemarie Bühler

Abguss der griechischen Bronzestatue des Kyniskos

Akademisches Kunstmuseum Bonn

Foto: Jutta Schubert

Ich greife zur Feder

Und wende das Blatt.

Wird es mich tragen?

(aus „Ikaria")

Alexandra Lüthen

Fliegende Katzen

Es ist das Blut. Es soll fließen. In meinem Körper.

Du schlägst mich. Mit der Faust auf meinen Arm. Oben. Wo Stoff ist.

Mein Blut bleibt unter der Haut. Aber es fließt nicht mehr. An der Schlagstelle sammelt es sich. Mein Blut hält an. Meine Oma hat immer gesagt: Innehalten. Sie meinte damit: Ruhig werden. Nachdenken. Nichts tun. Mein Blut hält inne.

Je nachdem wie du mich schlägst: Ist es mal mehr Blut. Mal weniger. Das sich sammelt unter der Haut. Meine Haut ist weich. Ganz weich und dünn. Sie tut ihr Bestes. Sie nimmt den Schlag an. Sie reißt nicht deswegen. Nicht am Arm. Der Arm ist dazu gedacht. Auszuhalten. Er ist stark und kann sich heben. Er ist weich und kann was nehmen.

Mit meinem Arm mache ich dir Kaffee. Mit meinem Arm hebe ich deine Sachen auf. Mit meinem Arm greife ich nach der Katze. Ich trage sie ins Bad. Du magst sie nicht. Ich sperre sie ein.

Es sind hier Katzenhaare. Sagst du. Katzenhaare überall. Überall sind Katzenhaare. Diese Scheiß-Katzenhaare. Du weißt es doch. Sagst du.

Ich weiß es schon. Ich habe gesaugt. Aber du hast Recht. Alle Haare erwischt man nicht. Sie können fliegen. Die Katzenhaare.

Katzen sind so. Sie sind frei und wild und können fliegen. Sie legen sich überall hin. In die Sonne auf das Fensterbrett. In den Korb mit der frischen Wäsche. Und wenn keiner hinguckt: fliegen sie.

12

Ich hab das schon gesehen. Ich kann so gucken, dass keiner merkt, dass ich gucke. Ich bin eine unsichtbare Seherin. Ich seh die Katze fliegen. Glaub mir.

Deine Scheiß-Katze interessiert mich nicht. Sagst du. Du spinnst doch. Sagst Du. Mit deiner fliegenden Katze. Du bist so dumm. Koch Kaffee. Aber einen richtigen. Nicht wieder so eine Plörre. Und mach Zucker rein. Zwei Löffel. Nicht umrühren. Du weißt doch wie ich meinen Kaffee will. Du weißt doch wie du es machen sollst. Das weißt du doch, oder? Sagst Du. Du fragst nicht. Weil: ich weiß es ja wirklich.

Ich hole das Zucker-Glas aus dem Schrank. Ich nehme den Löffel aus dem Fach. Da liegen die Löffel. Klein und glänzend. Sie liegen nebeneinander. Still in Reihe.

Ich nehme einen. Und noch einen. Ich weiß jetzt nicht. Zwei Löffel Zucker. Was heißt das? Zweimal löffeln mit einem Löffel? Oder willst du zwei Löffel?

Es ist eine schwere Frage. Ich stehe vor der Schublade. In jeder Hand einen Löffel. Das Zucker-Glas sagt nichts. Es bewegt sich nicht. Es bleibt still und zu. Ich weiß die Antwort nicht.

Was ist mit dem Kaffee? Fragst Du. Und lauter: Wo bleibt mein Kaffee, Du Kuh?

Zwei Löffel Zucker? Rufe ich zurück.

Wie blöd kann man sein? Brüllst du. Zwei! Löffel! Zucker! Soll ich es Dir schreiben?

Deine Stimme zuckt durch die Zimmer. Meine Haut kribbelt. Sie macht sich warm. Meine Haut weiß mehr als ich. Ich reibe mit der Hand über meinen Arm. Ich zieh den Ärmel bis zur Hand. Der Löffel fällt mir aus den Fingern. Es klirrt. Sehr laut. Sehr, sehr laut.

Was machst du da? Deine Stimme ganz nah. Du stehst in der Tür. Die Küche hat kein Fenster. Sie ist das Ende meiner Wohnung.

Du klickerst am Lichtschalter. An. Aus. An. Aus. An. Aus. Immer schneller. Meine Augen blinzeln. Die Haut an den Augen brennt. Weiter oben tut es weh. Nicht weinen. Nicht weinen. In meinem Hals ist es eng. Dabei stehst du immer noch in der Tür. Hinter mir ist das Brett. Es drückt in meinen Rücken.

Was ist mit meinem Kaffee? Klick-Klack. An-aus-an.

Der Zucker ist alle. Sage ich. Es tut mir leid.

Das Klicken hört auf. Als du gerade bei Hell bist. Kein Zucker? Bist du sicher?

Ich nicke. Es kann kein Wort nach draußen. Der Hals ist zu eng dafür.

Warum bekomme ich keinen Zucker? Hat die Katze ihn gefressen oder was? Schreist Du.

Ich schüttele den Kopf. Ich halte mich an dem Brett fest. Hinter mir. Ich drücke mich nach hinten. Ich spüre hinter mir das Glas mit Zucker. Ich kann jetzt hier nicht weg. Du darfst das Glas nicht sehen.

Die Katze darf keinen Zucker. Sage ich jetzt doch.

Mit einer Hand greife ich zu der Kaffee-Maschine. Die Tasse lässt sich gut nehmen. Die Tasse tanzt. In meiner Hand. Ich halte sie dir hin. Meine Finger wollen zu mir zurück. Aber sie müssen in der Mitte zwischen uns bleiben. Kaffee kann nicht fliegen. Wie Katzen. Kaffee muss gehalten werden. Er steht nicht in der Luft.

Du guckst auf die Tasse. Im hellen Licht.

Halt die Tasse still. Sagst Du. Du verschüttest meinen Kaffee. Halt die Tasse still. Du verschüttest meinen Kaffee! Brüllst Du. Und die Tasse macht einen Hopser.

Mein Kaffee ohne Zucker! Weil die Scheiß-Katze hier alles frisst! Sagst Du sehr leise. Deine Stimme ist Gefahr. Mein Fell sträubt sich. Ich habe nicht mal Fell. Ich wünschte, ich…

Der Kaffee ist heiß in meinem Gesicht. Der Rest von mir ist kalt. Der Rest von mir rutscht auf den Boden. Der Rest von mir kauert sich.

So. Sagst du. Kein Zucker, ja? Das ganze Glas ist voll. Dann sollst du etwas davon haben! Das ‚haben' brüllst du wieder. Der Rest von mir spürt Zucker rieseln. Wie früher Sand. Wie früher Sand. Sand. In Sommern ohne Kaffee. Nur mit Eis.

Du ziehst an meinem Arm. Mein ganzer Körper hängt daran. Schwer. Ruhe ist unten. Schmerz zieht nach oben. Ich kann so nicht stehen. Ich stehe halb. Halb bleibe ich sitzen. Der Zucker bleibt hängen. Unter meiner Nase. Über meinem Mund. Meine Zunge schmeckt: Salzig. Süß.

Heiß und hell. Die Kante Deiner Hand. Süßsalzig tropft es rot auf den Boden.

Bist du jetzt zufrieden? Deine Stimme schneidet die Luft. He, sag was! Ob du zufrieden bist!

Ich schüttele den Kopf. Ich nicke. Es ist eine komische Bewegung. Mein Kopf hängt oben.

Du Wackeldackel. Sagst Du. Was jetzt, hä, was jetzt? Jetzt kannst du wieder heulen. Du heulst doch die ganze Zeit.

Deine Hand immer noch an meinem Arm. Greift die Haut. Greift den Muskel. Greift den Knochen.

Alarm – Alarm – Alarm gibt mein Blut. Fließt bis zur Druckstelle. Sammelt sich unter den Kuppen deiner Finger.

Na los, steh auf. Steh schon auf.

Der Kaffee macht einen schwarzen See. Ein Krümelboot schwimmt vom Ufer los. Es hängt noch an der Fliese fest. Jetzt! Geschafft. Das Krümelboot treibt in die Mitte des Kaffee-Sees. Ich gucke wie bescheuert. Sind da auch kleine Enten? Ich kann es nicht genau sehen. In meinen Augen ist Zucker und Salz.

Jetzt kommt der Boden näher. Jetzt bin ich nah dran. Und seh die kleinen, kleinen Enten. Enten-Mama schwimmt. Die Enten-Küken hinterher. Es wird dunkel. Es wird hell. Der Kaffee ist schon ganz kalt von den Fliesen. Zucker fällt in den Kaffee. Kaffee berührt meine Wange. Dein Fuß tritt in meine Seite. Der Fuß macht kein Geräusch. Meine Mitte ist zu weich. Das Geräusch kommt aus mir. Wie Luft aus einem alten Ball. Weiter nichts.

Du verlierst die Lust an mir. Das ist immer so. Es macht keinen Spaß, wenn ich nur so herumliege. Das habe ich gelernt.

Deine Wut tanzt noch. Sucht etwas zum Greifen. Eine Tasse fliegt auf den Boden. Es reicht dir nicht. Du willst etwas, das lebt.

Die Sohle deines Schuhs knirscht. Auf Zucker. Auf Scherben. Dann nicht mehr. Im Wohnzimmer ist Teppich. Ich sehe den Abdruck des Schuhs. Kaffeeschwarz. Mit jedem Schritt schwächer. Es gibt alte Abdrücke. In Teebraun. In Weinrot. Das Weinrot ist blau geworden mit der Zeit.

Wohin gehst du? Ich stemme mich hoch. Der Arm tut weh. Mein Körper ist schwer. Vor allem da wo dein Fuß war. Aber dein Weggehen macht was mit mir. Alarm. Alarm. Alarm. Wohin gehst du? Die Wohnungstür bleibt leise. Du gehst nicht hinaus. Dahinter ist nur noch das Schlafzimmer. Ohne Tür. Das Bad hat eine Tür. Sie hakt. Man muss sie heben damit sie aufgeht. Das Scharnier klemmt. Das Scharnier kreischt. Da gehst du nicht rein. Da ist die Katze.

Ich stehe jetzt. Nicht die Katze. Nicht. Die. Katze. Jedes Wort ein Schritt. Ich bin zu spät. Die Tür zum Bad ist auf. Das Bad hat ein Fenster. Davor steht mein Waschmittel. Das Waschmittel fällt in die Wanne.

Ich höre das Fenster quietschen. Du keuchst. Du hältst die Luft an. Die Katze bekommt dir nicht. Die Katze bekommst Du nicht. Nicht die Katze. Nicht die Katze.

Du greifst nach der Katze. Ich kann dein Greifen hören. Die Katze faucht. Die Katze schreit.

Nein. Das ist nicht die Katze. Du schreist. Du sollst doch nicht atmen bei der Katze. Das weißt du doch. Die ganzen Haare. Sie können dich verletzen. So feine, weiche Haare.

Du verdammtes Vieh! Na warte! Raus hier! Ich krieg dich! Das war das letzte Mal! Du Scheißkatze!

Und dann brüllst du. Etwas Weiches fliegt gegen die Fliesen. Es landet auf den Füßen. Es lässt sich nicht greifen. Es wird das Bad nicht verlassen. Es wird dich wieder beißen. Es faucht. Wild mit weichen Haaren. Die Haare schweben durch die Luft. Du hast ihr das Fell zerrissen. Das wird dich töten.

Dein Brüllen hustet. Dein Schrei niest. Deine Hand wischt über deine Augen. Reibt Katzenspucke hinein. Du weinst ja.

Die Katze braucht mich nicht. Sie macht es allein. Sie faucht und kackt gleichzeitig in die Wanne. Ich rieche es. Die Katze kackt, wenn sie böse ist. Ich weiß das.

Du niest und niest und niest. Du nimmst einen letzten Anlauf. Doch alles, was du noch zu greifen bekommst: ist eine Waschmittel-Flasche. Sie fliegt aus dem Fenster.

Ich habe die Wohnungstür aufgemacht. Ich stehe dahinter. Du siehst mich nicht. Du siehst nur Luft im Treppenhaus. Luft ohne Gestank und Katzenhaare. Du stürmst dorthin. Ich sehe dein Gesicht. Es sieht schlimmer aus als meins.

Du stürzt zum Fenster im Treppenhaus. Es lässt sich nicht öffnen. Du fluchst und rennst die Treppe nach unten.

Ich schließe die Wohnungstür. Ich halte mich fest an der Klinke. So lange, bis die Hand an der Klinke wieder meine Hand ist. Die Katze ist nicht mehr im Bad. Ich nehme Klopapier und hebe den Katzendreck auf. Ich spüle ihn runter. Das Fenster lasse ich auf. Später.

Die Schritte sind schwer. Ich. Muss. Gar. Nichts. Ich. Will. In. Die. Küche.

Da sitzt die Katze auf dem Boden. Mit der Nase stupst sie in die Pfütze. Katzenzunge. Raue Katzenzunge stippt in die Pfütze.

Du sollst doch keinen Zucker. Sage ich zur Katze. Lieb. Sie hört auf damit.

Na komm. Sage ich. Ich räume auf. Die Küche. Dann mich. Dann gehe ich einkaufen. Zucker und Waschmittel und Öl für die Scharniere.

Später fahre ich mit der Katze zum Tierheim.

Ich komme mit zwei Katzen zurück.

Autorenvita: Alexandra Lüthen

Autorin der Endausscheidung

Alexandra Lüthen, 1977 in Westfalen geboren, lebt und arbeitet als Schriftstellerin in Berlin. In ihren Texten geht es um die nackten Bereiche des Lebens: Geburt, Sexualität und Tod.

Sie schreibt Prosa und Kurzprosa, Essays und Fachtexte und ist mehrfache Preisträgerin für Literatur in Einfacher Sprache. Ihre Kurzprosa wurde in diversen Wettbewerben ausgezeichnet und veröffentlicht. Der Erzählband „Bärenzart – Geschichten über die Liebe" erschien im Passanten-Verlag und 2019 folgte „Allen eine Chance – Warum wir Leichte Sprache brauchen" im Duden-Verlag.

Selim Özdogan

Nicht die Ohren

Ich habe Deutsch gelernt und ich habe gelernt zu schweigen. Je mehr ich rede, desto weniger verstehen mich die Menschen. Je mehr sie wissen, desto weniger wollen sie glauben. Es ist, als würden sie versuchen, mich als Betrügerin zu entlarven.

- Wo kommst du her?

- Aus Afrika.

Allein dieser Blick, wenn ich sage: Aus Afrika.

- Dein Akzent hört sich eher nach Frankreich an …

- Elfenbeinküste, sage ich dann.

- Aber …

Ich sage nicht, wie leid ich es bin zu hören, wie süß sie meinen Akzent finden. Ich wünschte, ich hätte keinen. Ich muss lernen noch besser zu sprechen, aber trotzdem werde ich nie eine von ihnen werden.

Als ich noch kein Deutsch konnte, war es einfacher. Ich habe nichts gesagt und keiner hat mich angesehen, als wäre ich ein Dreieck unter lauter Kreisen. Jetzt sehen alle nur Ecken und glauben, es seien Dornen, Stacheln und Lügen. Jede Antwort zieht eine neue Frage nach sich und nie ist jemand zufrieden.

- Wie bist du hierhergekommen?

- Meine Mutter ist Deutsche. Mein Vater und meine Mutter haben sich getrennt und dann ist meine Mutter mit uns zurück nach Deutschland.

- Und sie hat nicht Deutsch mit dir gesprochen?

- Nein, sie hat Italienisch mit uns geredet wie mein Vater auch.

- Aber dann ist Afrika ja gar nicht deine richtige Heimat, wenn deine Eltern aus Europa kommen.

- Ich bin dort geboren und aufgewachsen. Ich war mit acht das erste Mal in Deutschland und mit neun das erste Mal in Italien.

- Und wie alt bist du jetzt?

- Fast 18.

- Wie lange lebst du schon hier?

- Zwei Jahre.

- Dafür sprichst du aber richtig gut Deutsch.

Nicht gut genug. Ich habe gelernt zu schweigen. Wenn ich Afrika sage, sehen die Leute nur, dass ich weiß bin. Wenn ich den Mund aufmache, hören sie nur Frankreich. Wenn ich Heimat sage, glauben sie, Heimat hätte eine Farbe, die zu einem passen muss. Wie man dunkelblau nicht zu schwarz anzieht und rosa nicht zu rot und gestreift nicht zu gepunktet. Heimat ist kein Kleid. Heimat ist die Luft, die mich umfängt, wenn ich in Bouaké aus dem Flugzeug steige. Heimat ist, wenn mir keiner sagt, dass ich tanze, als würde ich Schwarze nachmachen. Heimat ist eine Wohnung ohne Schimmel an den Wänden, in der ich mir nicht ein Zimmer mit meinem Bruder teilen muss, in der es nicht immer kalt ist, weil unsere Mutter nicht genug Geld hat. Heimat ist, nicht dauernd Fragen gestellt zu bekommen, nur weil man nicht in das Bild passt, das ein anderer sich schon gemacht hat. Die Fragen sind wie Buntstifte, die sie mir zum Ausmalen geben, aber in ihrem Kopf haben sie schon ein fertiges Farbfoto.

Ich habe Deutsch gelernt und ich habe gelernt zu schweigen. Die Menschen wollen etwas wissen über den Weg, über die Grenzen, die wir zu Fuß überquert haben, über die Schlepper, über die Lager, wie viele Toiletten es für wie viele Menschen gab, über das Regime, die Rebellen, über ISIS, über mein Kopftuch, über die Bomben. Ich bekomme Komplimente für mein Deutsch, ich werde gefragt, ob ich Rassismus erlebe, ich höre Entschuldigungen dafür, dass die Rechten in diesem Land uns nicht wollen, und ich soll erklären, warum es im Islam so viele Fanatiker gibt.

Und das sind nur die Leute, die mit mir sprechen, die mich nicht beschimpfen und beleidigen und hinter meinem Rücken reden, weil sie glauben, ich würde sie ohnehin nicht verstehen. Das sind nur die Leute, die glauben, sie würden sich für mich interessieren, für mich, meine Integration und dafür, dass ich mich wohl fühle hier. Das sind nur die Leute, die es gut mit mir meinen.

Es ist nicht die Sprache, die fehlt. Es ist nicht die Fremdheit, von der sie sprechen. Mein Herz blutet, sobald jemand Heimat sagt. Mein Herz blutet, weil sie Worte finden, die die wunden Stellen meines Herzens berühren, Worte, die sie selbst nicht verstehen.

Als wäre ich nicht immer in der Fremde gewesen, als hätte ich nicht immer schon dagesessen und mich gefragt, warum ich von allen getrennt bin. Als wäre ich nicht immer in der Fremde gewesen, auch dort, wo alle die Sprache meiner Eltern sprechen. Als wäre ich nicht auch dort fremd gewesen, wo ich mit allen eine gemeinsame Herkunft, Geschichte und Kultur hatte. Als hätte ich mich dort nicht jeden Tag gefragt, wieso ich nicht dazugehöre. Als hätte ich dort etwas gehabt, das mich mit den anderen verband.

Wonach habe ich mich gesehnt? Heimat. Obwohl es so aussah, als wäre ich schon dort. Wohin konnte ich mich wenden? Wer hätte mich verstanden? In welcher Sprache?

Als hätte ich die Sehnsucht mitgebracht von hier nach da, als könnte ich gar nicht anders. Als wäre die Sehnsucht kein Gepäck, sondern ein Raum in meinem Herzen, der leer ist, vollkommen leer. Oder ein Buch mit weißen Seiten, auf denen jede Schrift in jeder Sprache sofort verblasst.

Niemand möchte von meiner Suche in den Augen der Menschen hören. Es muss jemanden geben, der versteht, ich kann es fühlen, ich weiß es, aber ich finde ihn nicht. Niemand will wissen, wie sich diese Einsamkeit anfühlt. Alles, was sie wollen, ist eine Sprache, in der sie mir ein paar Fragen stellen können, eine Sprache, in der sie ein paar Antworten erhalten. Alles, was sie wollen, ist auf einer Seite zu stehen, die sie für die richtige halten. Sie wollen die Melodie nicht hören, die mein Herz noch im Schlaf zum Weinen bringt. Niemand will die schwarzen Tränen sehen, niemand will wissen, wie sich ein Herz immer verschlägt und nie zusammenfindet mit einem anderen.

Sie reden mit mir, und aus dem, was sie gelesen und gelernt haben, glauben sie etwas zu verstehen. Aber wie kann man verstehen, dass jemand ein Gefäß ist, ein Gefäß für Einsamkeit, Sehnsucht, Musik, Regen, Dunst und Traurigkeit?

Ich habe Deutsch gelernt und ich habe gelernt zu schweigen. Wer versteht schon, dass wir zufrieden damit waren, arm zu sein? Wer versteht schon, dass man in einem Land leben kann, in das man nicht gehört, das einem aber zur Heimat wird? Wer versteht schon, dass man eine Grenze überquert und die Menschen immer noch dieselbe Sprache sprechen? Wer versteht schon, dass ich Afghanin bin, mich aber nicht an dieses Land erinnern kann, weil ich drei war, als meine Mutter mit uns geflohen ist? Wer versteht schon, dass man in Afghanistan Farsi spricht und im Iran auch? Wer versteht schon, dass ich weder anders ausgesehen noch anders gesprochen habe als meine Freundinnen in der Schule?

Wer versteht schon, dass wir trotzdem schlechter angesehen waren? Wer versteht schon, dass meine Mutter zufrieden war mit unserem Los, mit der Armut, mit den Blicken, mit dem Elend, mit der Trennung von ihren Verwandten? Wer versteht schon, dass sie diesen Preis gerne gezahlt hat für etwas mehr Sicherheit für uns Kinder? Wer versteht schon, dass wir geblieben wären, wenn die Regierung uns nicht die Aufenthaltserlaubnis entzogen hätte? Nach zwölf Jahren. Einfach so. Wer versteht schon, wie es sich angefühlt hat, wieder nach Afghanistan zu kommen? Wer versteht schon, wie weit der Weg zurück war, zurück in den Iran, nur dieses Mal illegal? Und von dort illegal in die Türkei. Und von dort nach Griechenland, Idomeni. Idomeni kennt jeder, aber wer versteht schon, wie es dort riecht? Wer versteht schon, dass Mutter mit weniger zufrieden war? Wer versteht schon, dass wir unterwegs alles verloren haben? Dafür habe ich dann Deutsch bekommen. Eine Sprache, in der ich fragen kann: Wer versteht schon?

Ich habe Deutsch gelernt und ich habe gelernt zu schweigen. Vielleicht, weil ich nicht schreien kann. Ich erinnere mich an den Busfahrer in der Türkei, der die Gendarmen angeschrien hat. Sie hatten den Bus angehalten und bald darauf blaffte einer der Gendarmen den Busfahrer an, er habe 32 Passagiere, aber nur 28 Identitätsnummern, was das denn solle. Und der Busfahrer schrie, er schrie sofort:

- Woher soll ich denn wissen, was das soll? Da müsst ihr den Präsidenten fragen. Er ist dafür verantwortlich. Vergibt er etwa Identitätsnummern an Syrer? Nein. Woher soll ich denn wissen, was das soll. Da sitzen vier Syrer im Bus. Ich bin nicht dafür verantwortlich, dass die keine Nummern haben. Was kommst du und blaffst mich an? Wenn du Eier in der Hose hast, dann geh und frag den Präsidenten, was das soll.

Ich habe Angst bekommen, weil ich dachte, dass sie uns jetzt alle festhalten. Dass der Busfahrer verhaftet wird, dass wir in ein Lager kommen oder ins Gefängnis. Oder dass wir mitten in der Nacht aussteigen müssen und zusehen, wie wir weiterkommen. Und das ohne Geld.

-Was hat er gesagt, hat Adnan neben mir sofort gefragt und ich konnte sehen, dass er auch Angst hatte.

Ich habe den Kopf geschüttelt. Nicht jetzt, wollte ich sagen. Der Gendarm hat den Busfahrer angesehen, lange, ich habe die Luft angehalten, dann hat der Gendarm gesagt:

- Fahr.

Dabei hat er eine Handbewegung gemacht, als wollte er Fliegen verscheuchen.

- Das machen die immer, hat der Busfahrer später gesagt. Man darf nicht klein beigeben, sonst brummen die einem noch eine Strafe auf, man muss direkt aggressiv werden, dann darf man weiterfahren. Alles andere führt nur zu Komplikationen. Glaub mir.

Ich kann die Leute nicht anschreien, wenn sie versuchen mir beizubringen, ich müsse einfach auch mal Nein sagen, wenn ich Nein meine, und mich nicht hinter einem Vielleicht verstecken. Ich kann die Leute nicht anschreien, wenn sie Integration sagen und ich erwidern möchte, dass ich den Deutschkurs besuche und versuche, eine Sprache zu lernen, die sich nicht an die Regeln hält. Dass ich gleichzeitig versuche, die Regeln zu lernen, das Warten, die Bürokratie, die Mülltrennung, das Alkohol-Trinken, das Pünktlich-Sein, die offene Anschuldigung, das bayerische Idiom. Dass ich das Fahrrad-Fahren hier gelernt habe, dass ich niemandes Flüchtling bin und dass meine Mutter ihre vier Kinder nicht mehr sehen kann wegen dieses Krieges.

Manchmal möchte ich schreien können, wie dieser Busfahrer es getan hat, und der meinte es nicht mal gut mit uns, sondern wollte nur seinen eigenen Arsch retten. Aber ich kann nicht schreien.

Ich habe Deutsch gelernt und ich habe gelernt zu schweigen. In allen Sprachen, die ich kann. Die Menschen glauben, Deutsch wäre meine zweite Sprache. Sie wundern sich, warum ich es nicht besser kann nach über 30 Jahren hier. Sie glauben, ich hätte als erstes Persisch gelernt, dabei komme ich aus dem Norden des Iran, wo die meisten Aserbeidschanisch als Muttersprache haben. Dort, wo viele auch türkisches Türkisch können. Deutsch ist meine vierte Sprache. Vielleicht habe ich es deshalb nie richtig gelernt.

Es ist egal, in welcher Sprache man glücklich geschrieben wird oder traurig, es ist egal, wie man die Schulter nennt, an die man sich lehnen möchte, oder ob sie scheint wie eine hohe Mauer, hinter der Heimat sein könnte.

Die Buchstaben haben ihre Form geändert, ihre Reihenfolge, ihren Klang, die Bücher haben nicht mehr die Kraft, die sie einst hatten. Nur ihr Duft ist gleich geblieben. Ein Duft, der mich an meine Kindheit erinnert, an Aprikosen und an die Stimme meiner Mutter, wenn sie Gedichte rezitierte, an den sonnigen Glanz in ihren schwarzen Haaren, an die Kühle ihrer Haut, wenn ich mich im Innenhof an sie schmiegte, an den schwarzen Tee und den gelben Zucker und die Melodie, die der Löffel im Glas schlug.

In unserer Geschichte, die von Trennung handelt, von Sorgen, von Leid, von Enttäuschungen, von Zweifel, Angst und Fremdheit, in unserer Geschichte, die eine Suche ist und eine Sehnsucht, in unserer Geschichte, in der wir immer wieder Wärme finden und Halt, in unserer Geschichte, die uns nicht unterscheidet von allen anderen, in dieser Geschichte können die Augen riechen.

Ich habe gelernt zu schweigen und mit den Augen zu riechen. Die Farben und die Gerüche brauchen keine Sprache, das Gesicht braucht keine Sprache, die Mitte zwischen den Händen und Armen braucht keine Sprache.

Man spricht und dann, in den Lücken, dort, wo die Sprache nicht hinreicht, passiert manchmal etwas. Ein Blick, vielleicht nur ein leichtes Nicken, ein Zeigefinger, der sich bewegt, möglicherweise ohne dass der andere es weiß. Manchmal ist es so, wie sehr müde sein und jemand steht auf bietet einem seinen Platz im Bus an. Manchmal ist es wie sich kurz ansehen und lächeln, während ein Dritter mit dem Verkäufer diskutiert. Manchmal ist es wie Liebe auf den ersten Blick, nur dass es eine andere Art von Liebe ist und man weiß, dass es nie einen zweiten Blick geben wird. Doch einen Moment lang kann man sehen, wo der Grund des Brunnens ist, aus dem der andere meistens spricht.

Manchmal reicht so wenig und man kann riechen, was einen Menschen bewegt und was ihn berührt, manchmal spricht man und in den Lücken sind offene Arme. Man muss nur die Augen offen halten

Ich habe Deutsch gelernt und ich habe gelernt, an den richtigen Stellen zu schweigen.

Autorenvita: Selim Özdogan

Autor der Endausscheidung

Selim Özdogan, geboren 1971 in Köln, veröffentlicht seit seinem Debüt 1995 „Es ist so einsam im Sattel, seit das Pferd tot ist" Romane, Erzählungen, Kurzgeschichten, Essays und Hörbücher.

Dieses Jahr erscheint „Der die Träume hört", ein Roman, der die Geschichte eines sozialen Aufstiegs nicht als einen Zuwachs an Möglichkeiten, sondern als einen Verlust von Werten, Bindungen und Sicherheiten erzählt und damit gewohnte Perspektiven hinterfragt.

Peter Coon

Tor der Tränen

Der Entscheider schaut auf die Uhr. Dann schreibt er etwas in Sayids Akte, die vor ihm auf dem Tisch liegt. Der Dolmetscher starrt auf das welke Ahornblatt, das Sayid am Stiel hin und her dreht.

»Sie sind also als blinder Passagier gereist. Die ganze Strecke, von Somalia bis Hamburg. Habe ich das richtig verstanden?«

Sayid nickt – und weiß genau, wie die nächste Frage lautet.

»Wie hieß das Schiff?«

Natürlich wollen sie den Namen wissen. Alles, was er sagt, wird irgendwie nachgeprüft, weiß Sayid. »Erfinde nichts hinzu«, hat man ihn in der Flüchtlingsberatung ermahnt. »Du darfst niemals in deinem Leben lügen«, hat sein Vater immer gesagt – und sein Vater ist ein weiser Mann, auf den er schon einmal nicht gehört hat. Aber was nun? Den Namen des Schiffes darf er auf keinen Fall nennen. Vor Wochen ging dieser Name hier durch die Presse. Ein Frachter unter deutscher Flagge und mit deutscher Besatzung, freigekauft aus der Geiselhaft. Somalische Piraten hatten es gekapert. Wochenlang lag es am Bab al-Mandab, der Meerenge zwischen der somalischen Küste und dem Roten Meer. Die Mannschaft wurde nicht gut behandelt, und so sitzt der deutsche Hass auf somalische Piraten tief. Wenn er jetzt den Namen dieses Schiffes nennt, werden sie ihre Schlüsse ziehen.

»Bitte legen Sie das Blatt zur Seite«, fordert ihn der Dolmetscher auf. Hellbraun ist dieses Blatt, ähnlich braun wie somalischer Wüstensand. Warum nur ist dieses Blatt so braun geworden, bei so viel Regen?

Und warum ist es abgefallen von einem dieser buntgefärbten Bäume draußen im Stadtpark? Unglaublich, wie bunt die Blätter dieser Bäume sind. Vor wenigen Tagen noch waren sie alle grün, nicht mehr so saftig grün wie noch vor Wochen, aber immerhin grüner als alles, was Sayid jemals gesehen hat. Jetzt aber sind sie gelblich oder sogar rötlich, und spätestens sobald sie braun werden, lassen die Bäume sie fallen. Genau so, wie Sayid seine Untaten hat fallen lassen.

»Herbst«, sagt er. Er sagt dieses Wort auf deutsch, während er das Blatt noch immer zwischen Daumen und Zeigefinder hält.

»Herbst?«, fragt der Dolmetscher überrascht. »Nein, wie das Schiff heißt, wollten wir wissen.«

Sayid hält das Blatt etwas höher. »Herbst«, wiederholt er stolz. Dieses Wort hat er gestern im Sprachkurs gelernt – aus gegebenem Anlass. Es ist ein sehr schweres Wort, und er hat lange geübt daran. Nach dem Herbst kommt der Winter, das hat er auch gelernt, und dass es noch viel kälter wird im Winter. Das allerdings kann und will er nicht glauben.

»Ja, Herbst«, bestätigt der Dolmetscher und lächelt anerkennend. Auch der Entscheider lächelt, aber nur ganz kurz, und so verschwindet auch das Lächeln des Dolmetschers wieder.

»Bitte legen Sie es jetzt zur Seite. Sie sollten dem Entscheider Respekt zeigen.«

Sayid legt das spröde Blatt vor sich auf den Tisch und schaut den Entscheider freundlich an, so wie man es ihm in der Flüchtlingsberatung geraten hat, und obwohl er kein Wort versteht von dem, was sein Gegenüber jetzt zum Dolmetscher sagt.

»Gut«, sagt dieser dann zu Sayid. »Vielleicht fällt Ihnen der Name ja später noch ein. Jetzt schildern Sie bitte die Art Ihrer Verfolgung im Bürgerkrieg und die genauen Gründe, warum sie in Deutschland Asyl beantragt haben.«

Sayid schaut vor sich auf den Tisch. Ratlos ist er. Was soll er nur erzählen? Was hat er überhaupt zu erzählen? Von den Gefahren in seinem Heimatland soll er sprechen, von der Bedrohung durch den Bürgerkrieg, der viel älter ist als er selbst und dessen Sinn er nicht im Ansatz versteht. Er weiß, er muss reden von den islamistischen Terrorkommandos, von denen er aber nie eines mit eigenen Augen gesehen hat. Besser nicht reden sollte er dagegen – auch das hat man ihm geraten – von seinem Hunger und der Unterernährung seiner kleinen Nichten und Neffen, denn dann wäre er nur ein Wirtschaftsflüchtling und würde sofort abgelehnt. Er muss reden von den Gefahren, nach Kenia zu fliehen, wo Flüchtlinge verachtet, Frauen vergewaltigt und die Kinder zwangsrekrutiert werden. Doch all das hat er nicht selbst erlebt, nur Gerüchte gehört. Wie sollte er jetzt davon reden? Die Dürre dagegen, die er am eigenen Leib erlitten hat, die seiner Familie jede Chance nahm, als Bauern zu leben oder als Viehzüchter, wenn schon nicht mehr als Fischer wie bisher, die jahrelange Trockenheit muss er unerwähnt lassen, denn sonst wäre er sogar nur ein Klimaflüchtling, für dessen Anerkennung es überhaupt keine Rechtsgrundlage gibt. Reden sollte er von den tödlichen Kämpfen der Clans, von denen er überhaupt nichts versteht, von Attentaten und Überfällen, die er nie miterlebt hat, und der immerwährenden Angst, wie aus dem Nichts von Kugeln durchsiebt oder von einer Miene zerfetzt zu werden. Sayid hatte diese Angst nie. Wovon sollte er also reden?

»Bitte«, ermuntert ihn der Dolmetscher. »Erzählen Sie einfach die wichtigsten Ereignisse, die Sie erlebt haben.«

Nein, das darf er nicht, davon hat man ihm dringend abgeraten. Die wichtigsten Ereignisse seines Lebens muss er für sich behalten! Auf gar keinen Fall darf er die Kranken in den Fischerdörfern erwähnen und die missgebildeten Neugeborenen. Er hat sie fast überall gesehen entlang der somalischen Küste, vor der die Europäer illegal ihren Atommüll verklappt haben und sonstige Gifte, die nie jemand näher bestimmt hat.

Er hat sogar die Fässer gesehen, die am Strand liegen und nach und nach durchrosten und vor denen alle Menschen dort Angst haben. Er kennt alle Berichte über die italienische Journalistin, die all das aufgedeckt hat, bevor sie ermordet wurde. Aber hier, vor diesen Europäern, darf er nicht darüber sprechen, schon gar nicht schimpfen, denn damit würde er genau die Menschen beschämen und beleidigen, die über seine Zukunft zu bestimmen haben. Genau so verhält es sich natürlich mit den riesigen Fischtrawlern aus der ganzen Welt, die nachts wie die Skyline von Manhattan über das Meer leuchten. Mit gigantischen Netzen fischen sie die somalische Küste leer, illegal. Eine somalische Küstenwache gab es nie, und europäische Behörden kümmern sich nicht darum. Doch darüber hier zu sprechen – auch das würde die Europäer beschämen und sich gar nicht gut auf seinen Asylantrag auswirken.

»Sie müssen jetzt etwas sagen«, drängt ihn der Dolmetscher. »Auch wenn es Ihnen schwerfällt.«

»Herbst«, sagt Sayid wieder. Vorsichtig legt er das Blatt auf seine offene Handfläche, die fast so weiß ist, wie das Gesicht des Entscheiders, der jetzt langsam ungeduldig wird.

»Erzählen Sie Ihre Geschichte«, mahnt der Dolmetscher.

»Der Herbst ist wie das Tor der Tränen«, sagt Sayid, diesmal nicht auf deutsch.

»Wie bitte?«

»Der Baum muss seine teuren Blätter fallen lassen, um den Winter zu überstehen.«

»Sie müssen jetzt Ihre Erlebnisse erzählen.«

»Er muss alles loslassen, um im Frühling wieder grün zu werden.«

»Stopp!«, sagt der Dolmetscher. »Der Entscheider kann Ihren Antrag nur positiv entscheiden, wenn Sie jetzt ...«

»Ich bin Pirat!«, bricht es aus Sayid heraus. Wütend springt auf. Der Dolmetscher weicht zurück. Der Entscheider lässt seinen Stift fallen.

»Ich bin Pirat!«, wiederholt Sayid. »Mein Vater hat all seinen Söhnen verboten, zu den Piraten zu gehen. Piraten haben keine Seele mehr, hat er gesagt. Sie tun Unrecht und gehen daran zugrunde, hat er gesagt. Ich habe seine Worte ignoriert. Ich wollte einfach kämpfen. Ich wollte zur somalischen Küstenwache gehören und meine Familie retten.«

»Setzen Sie sich wieder«, sagt der Dolmetscher streng. »Und beruhigen Sie sich.« Doch Sayid lässt sich nicht aufhalten.

»Von Fischerbooten aus haben wir diesen deutschen Frachter gekapert. Sechs Wochen lang war ich dann auf dem Schiff. Wir hielten es am Bab al-Mandab fest. Ich bewachte die gefangenen Seeleute. Ich sah sie leiden, jeden Tag. Einen sah ich sterben. Ich habe geheult und wollte nur noch weg, zurück zu meinem Vater, ihn um Vergebung bitten, aber unsere Chefs ließen mich nicht gehen. Stattdessen nannten sie mich einen Verräter und verlangten viele böse Taten von mir, die mich noch heute in meinen Träumen verfolgen. Das ist meine Strafe dafür, dass ich mich mit Teufeln eingelassen habe. Mein Vater hatte recht: Heute ist meine Seele so verdorrt wie dieses Blatt.«

Sayid ballt seine Hand zur Faust und zerquetscht darin das spröde Blatt. Die Blattreste lässt er auf den Tisch rieseln.

»Ich verstehe Sie nicht«, sagt der Dolmetscher und schüttelt den Kopf. Doch Sayid hört ihm nicht zu.

»Wissen Sie«, fragt er, »was das Allerschlimmste für mich ist? Dass ich hier von Europäern Hilfe erbetteln muss.«

Der Dolmetscher beginnt mit den Händen zu fuchteln. »Hallo! Ich verstehe Sie nicht!«, wiederholt er.

»Europäer waren es, die unsere Küsten vergiftet haben. Keiner von ihnen ist dafür verurteilt worden. Europäer sind es auch, die unsere Küsten plündern, gemeinsam mit all den anderen reichen Nationen, die sich diese riesigen, schwimmenden Fischfabriken leisten können.

Sie lassen sich beschützen von den Kriegsschiffen, auch deutschen, die am Bab al-Mandab stationiert sind und gegen uns Piraten kämpfen. Ja, sie nennen uns Piraten. Aber wir waren einst Fischer, denen Europa Krankheit und Hunger gebracht hat. Wer hat mit dem Unrecht angefangen? Wer sind die eigentlichen Piraten vor der somalischen Küste?«

Sayid betrachtet die beiden Männer vor sich. Europäer, denkt er. Keine Piraten, aber immerhin Leute, die zu Hause ihren Thunfisch essen und die es nicht interessiert, ob er vielleicht aus demselben Meer gestohlen wurde, in dem schon ihr Giftmüll versenkt worden ist.

»Und jetzt«, sagt Sayid und lässt sich auf seinen Stuhl fallen. »Jetzt sitze ich hier vor Ihnen. Ich muss Sie anlächeln und aufpassen, dass ich niemanden beschäme oder beleidige. Und ich muss genau überlegen, was ich erzähle und was nicht, weil es für Sie offensichtlich entscheidend ist, wodurch die Menschen sterben, die zu Ihnen kommen.«

Sayid lehnt sich zurück. Erschöpft lässt er den Kopf hängen und wartet ab, was nun geschieht.

»Ich habe kein Wort verstanden von dem, was Sie gesagt haben«, hört er die Stimme des Dolmetschers. »Sie scheinen wirklich schlimme Dinge erlebt zu haben, aber ich habe nichts davon verstanden.«

»Entschuldigen Sie«, sagt Sayid. »Ich hatte mich nicht unter Kontrolle.«

»Was war das für eine Sprache?«, fragt der Dolmetscher.

»Das war Oromo, die Sprache meiner Mutter.«

»Die Sprache Ihrer Mutter? Ist sie keine Somali?«

»Mein Vater ist Somali. Meine Mutter stammt aus Äthiopien. Sie ist damals nach Somalia geflohen. Als meine Eltern geheiratet haben, wurden beide aus ihren Clans verstoßen. Aber sie waren stark, und zwei Brüder meines Vaters haben zu ihnen gehalten. Meine Mutter sagt, seit dieser Zeit spricht mein Vater oft vom Bab al-Mandab.«

»Bab al-Mandab?«, fragt der Dolmetscher. »Ist das nicht diese Meerenge zwischen dem Roten Meer und dem Golf von Aden, an dem auch Somalia liegt? Was meint Ihr Vater damit?«

»Bab al-Mandab heißt ‚Tor der Tränen‘. Für ihn ist es ein Symbol für einen schweren Weg, den man gehen muss, um das bessere Leben dahinter zu erreichen. In Europa würde man es vielleicht einfach – Herbst nennen.«

Der Dolmetscher sieht Sayid an. Dann redet er mit dem Entscheider.

»Sehen Sie«, sagt er schließlich. »Jetzt haben wir schon einiges über Ihre Familie erfahren. Nun können Sie uns sicher auch Ihre eigene Geschichte erzählen. Habe ich recht?«

Sayid schaut den Dolmetscher an, dann den Entscheider. Er versucht zu lächeln. Der Entscheider greift zu seinem Stift und beugt sich wieder über die Akte.

»Aber ich verstehe kein Oromo«, ergänzt der Dolmetscher noch. »Bitte bleiben Sie bei der somalischen Amtssprache.«

Autorenvita: Peter Coon

Autor der Endausscheidung

Peter Coon, geb. 1967 in Hagen/Westf., Dipl. Ing. E-Technik, freier Tontechniker, freier Autor, Betreiber des Internet-Blogs www.coonlight.de seit Anfang 2012, erster Platz beim Literaturwettbewerb des Autorenkreises Ruhr-Mark e.V. 2013, dritter Platz beim Meerbuscher Literaturpreis 2014.

Veröffentlichungen in Anthologien:, zwei eigene Kurzgeschichtenbände: „Märzchen im November" 2015, „Weltfrieden ist aus" 2017.

Zweiter Vorsitzender des Autorenkreises Ruhr-Mark e.V. seit 2016.

Peter Reul

Granit

Wie hat es angefangen? Ganz einfach. Ganz banal. Ich bin in den Kreisverkehr eingebogen, habe die Verkehrsinsel in der Mitte halb umrundet und dann war ich plötzlich unsicher, ob ich jetzt schon oder erst bei der nächsten Ausfahrt abbiegen sollte, deshalb bin ich weitergefahren, habe die Verkehrsinsel ganz umkreist, um dann beim zweiten Mal die richtige Straße zu nehmen, aber wieder war ich mir nicht sicher, habe meine Umrundung fortgesetzt und auch beim dritten Mal konnte ich mich nicht entscheiden, jede Ausfahrt schien mir gleich möglich und gleich unwahrscheinlich zu sein.

Seitdem fahre ich im Kreis, mal langsamer, mal zügiger, spähe in jede sich mir eröffnende Richtung und versuche mich zu erinnern, denn ich bin hier schon einmal gewesen, damals war es gar kein Problem, ich bin abgebogen und weitergefahren und an mein Ziel gekommen, aber jetzt hakt es irgendwo, die Erinnerung versagt, die Straßen, vier sind es, sehen alle gleich aus, auch die Gegend hat keine markanten Besonderheiten, einfach vier graue Bänder, die sich in die Wiesenlandschaft hinein ausrollen.

Ich will keinen Fehler machen, denn wenn ich falsch abbiege, bin ich lange unterwegs in menschenleerer Gegend, verliere Zeit und Orientierung. Warum habe ich auch kein Navi dabei? Ich glaubte mich auszukennen, nun weiß ich noch nicht einmal mehr, aus welcher Richtung ich in den Kreisverkehr eingebogen bin; wenn ich den falschen Weg wähle, würde ich riskieren, wieder zurückzufahren und am Ausgangspunkt anzukommen. Das wäre schrecklich.

Die Verkehrsinsel in der Mitte - ein kreisförmig angelegter, mit Gras und niedrigem Buschwerk bepflanzter Erdhügel mit einem Findling im Zentrum - habe ich viel öfter betrachtet, als sie es verdient, ich kenne den Stein von allen Seiten, aber keine gibt mir einen Hinweis auf die einzuschlagende Richtung. Lenken muss ich kaum noch, ich halte das Steuer einfach mit einer Hand fest, die Richtung bleibt ja gleich, ich habe Zeit, alles genau zu mustern, aber auch das hilft mir nicht weiter. Auf den Verkehr muss ich nicht achten, ich bin allein, weit und breit ist kein anderes Auto zu sehen, also auch niemand, den ich fragen kann.

Natürlich könnte ich einfach anhalten, dieses Fahren im Kreis bringt ja nichts, aber ich denke immer, dass mir bei einer Ausfahrt doch wieder die Erinnerung kommen kann, ich würde abbiegen und der Spuk wäre vorbei.

Stattdessen verliere ich sogar die Erinnerung daran, woher ich gekommen, von wo ich aufgebrochen bin, wohin ich fahren wollte. Das ist beunruhigend, deshalb fahre ich weiter, denn wenn ich anhalten würde, käme mir diese Situation erst recht zu Bewusstsein, so bin ich wenigstens auf dem Weg, wenn ich auch nicht weiß, woher und wohin, aber ich bin auf der Suche, ich weiß, dass ich wenigstens nicht in der falschen Richtung unterwegs bin, solange ich im Kreis fahre.

Dieses Fahren hat etwas Meditatives, die Farben verschwimmen zu Grün und Grau, das Geräusch des Motors beruhigt, ich kreise um ein Zentrum, im rollenden Wagen ruhe ich in mir selbst.

Woran denkt man? Auch die Gedanken verschwimmen, sind nicht mehr zielgerichtet, sondern kreisen um den Stein, so wie das Auto. Ein Felsbrocken ist ein Hindernis, wenn er im Weg liegt, er kann aber auch eine Hilfe sein, wenn man ihn besteigt, um ihn als Aussichtspunkt zu benutzen, aber dazu ist er zu niedrig, ich würde nicht viel mehr sehen als vom Wagen aus.

Sisyphos musste einen Stein einen Hügel hinaufrollen und wenn er es geschafft hatte, rollte er wieder herunter und die Plackerei begann von neuem. Warum? Es war eine Höllenstrafe. Was hatte Sisyphos verbrochen? Was habe ich getan, dass ich dieses Schicksal verdiene? Der Stein ist unschuldig, aber bin ich denn schuldig? Woran?

Mittlerweile denke ich gar nicht mehr daran abzubiegen, ich habe mich mit der Situation abgefunden. Sie ist lächerlich, aber das könnte man von Vielem sagen. Ja, es ist demütigend, so im Kreis zu fahren, aber ich habe mich dazu entschieden, also bin ich frei, also fahre ich weiter. Der Tank ist noch halb voll: Das ist der Gedanke eines Optimisten, wird mir bewusst und im Grunde bin ich auch nicht deprimiert oder verzweifelt, alles ist im Fluss, alles ist noch möglich, nichts ist entschieden. Wir müssen uns Sisyphos als einen glücklichen Menschen vorstellen.

Jetzt fällt es mir wieder ein: Er hatte den Tod, der ihn holen wollte, gefesselt, so dass er selbst und auch kein anderer Mensch mehr sterben konnte. Das war sein Vergehen, dafür wurde er bestraft. Inzwischen ist der Tod natürlich wieder frei, vielleicht wartet er, wenn ich abbiege, am Straßenrand, wenn ein Reifen platzt, wenn ein Wagen aus der Seitenstraße geschossen kommt und mir die Vorfahrt nimmt. Hier im Kreisverkehr kann nicht viel passieren, aber vielleicht bilde ich mir das auch nur ein. Ich kann einen Herzinfarkt bekommen, das Auto kann auf einmal explodieren, warum auch immer.

Weshalb denke ich an den Tod?

Weil ich an Sisyphos gedacht habe und nun ist mir wieder eingefallen, warum er zu seiner Höllenstrafe verdammt wurde. Vielleicht wird mir ja auch wieder einfallen, welche Ausfahrt ich nehmen muss, deshalb fahre ich weiter. Im Kreis. Immer im Kreis.

Ich bin verwirrt. Ein verwirrter alter Mann. Das muss ich mir wohl eingestehen, es fällt mir auch gar nicht schwer. Aussetzer hatte ich früher schon: ein Name, auf den ich nicht kam, ein Schlüssel, den ich verlegt hatte - so etwas.

Manchmal ging ich in den Keller, blieb stehen und wusste nicht mehr, was ich dort wollte. Aber das war nicht dramatisch, die Erinnerung kehrte wieder und wenn nicht?, das waren Banalitäten. Aber jetzt ist etwas gerissen. Das Band, das mich mit der Vergangenheit verbindet. Gerissen und neu verklebt. Zu einem Kreis, den zu befahren ich verdammt bin. Meine Strafe.

Mein Vater war Steinmetz, hatte ich das schon erwähnt? Gleich habe ich das Kreischen der Steinkreissäge im Ohr, morgens beim Aufwachen schon vom Hof her, die zugesägten Blöcke aus Granit oder Sandstein, die schmalen für die Reihensteine und die breiteren für die Doppelgräber, denn die meisten Aufträge waren Grabsteine. Als Kind spürte ich gern die Steine unter den Händen, rauh oder poliert, fuhr mit dem Finger die eingravierten Buchstaben entlang, bevor ich noch lesen konnte: Ruhe in Frieden. In ewiger Liebe. Herr, dein Wille geschehe. Hier ruht in Gott. Unvergessen. Warum denke ich an den Tod?

Mein Vater. Ja, mein Vater. Wie lang ist das jetzt schon her? Auf seinem eigenen Grabstein steht nur sein Name. Er war immer für das Schlichte. Kein überflüssiges Wort.

Wie viele Runden habe ich jetzt wohl schon gedreht? Zu viele, das steht fest. Und noch eine Ehrenrunde. Und noch eine.

Damals der Stein im Bayerischen Wald. Auf einer Wanderung habe ich ihn entdeckt: ein Gneis mit einer interessanten Maserung. Er lag am Wegrand und als ich ihn hochheben wollte, stellte sich heraus, dass er wie ein Eisberg zu zwei Dritteln in der Erde steckte, er war riesig und entsprechend schwer, aber ich wollte ihn unbedingt mitnehmen, obwohl Hannah mich für verrückt erklärte. In einem Bach habe ich ihn gesäubert und im Wasser konnte man seine markanten Adern schön erkennen. Er gefiel mir immer besser und ich schleppte ihn den ganzen Weg bis zu unserer Ferienwohnung mit.

Zu Hause fand er dann seinen Platz in unserem Vorgarten, neben der Haustür. Dort liegt er noch immer nach all den Jahren, vorhin habe ich ihn noch gesehen, als ich nach Hause kam.

Als ich nach Hause kam.

Als ich nach Hause kam, war es still. Aber war es nicht immer still bei uns? Philemon und Baucis, ein ruhiges Leben. Und seitdem Hannah krank war, wurde es noch stiller. Ich kam vom Einkaufen und in der Küche räumte ich zuerst die Lebensmittel in den Kühlschrank und den Vorratsschrank, bevor ich in die Stube trat, die leer war. Jetzt wurde mir die Stille bewusst, ich rief Hannahs Namen, dann fiel mir ein, dass sie sich vielleicht hingelegt hatte. Ich ging ins Schlafzimmer, aber dort war sie auch nicht. Mir wurde heiß. Warum hatte ich sie auch alleingelassen? Hannah? Hannah? Die Stille. Die verdammte Stille. Das leere Bad. Hannah? Die Erinnerung kehrt zurück, eine Welle des Schreckens: die Kellertür, die halb offensteht. Die Kellertreppe. Hannah?

Da unten lag sie, auf den Steinfliesen. Seltsam verrenkt.

Ich habe schon viele Leichen gesehen. Ich weiß, wenn ein Mensch tot ist. Ein Mensch! Hannah.

Darum denke ich an den Tod.

Ich habe mich umgedreht und bin zur Haustür gegangen. Habe sie zugezogen und bin wieder ins Auto gestiegen. Wo wollte ich hin? Weg. Nur weg.

Ich bin losgefahren und weitergefahren. Einfach weg. Weg von der Treppe. Weg von diesen verdammten Fragen: Warum habe ich die Kellertür nicht abgeschlossen? Warum habe ich Hannah alleingelassen? Papa, warum müssen alle sterben?

Ich wollte einfach weg, in eine andere Raumzeit und wenn ich dann wiedergekommen wäre, hätte ich die Haustür aufgeschlossen und das Summen des Wasserkessels gehört. Ich bin's, hätte ich gesagt, und dann hätte ich den Beutel mit den Einkäufen abgestellt und wäre in die Stube getreten und Hannah hätte auf dem Sofa gesessen mit der karierten Decke über den Knien und hätte gelächelt.

Und dann kam dieser Kreisverkehr, in dem ich jetzt festhänge. Runde um Runde. Wer hat den Tod befreit? Ein leichter Schwindel nach den vielen Umdrehungen. Wie im Karussell früher. Farben. Musik. Ein Klingeln, das die letzte Runde ankündigt. Warum muss es zu Ende gehen? Alles.

Vor mir ragt der Stein auf, undurchdringlich.

Autorenvita: Peter Reul

Peter Reul, geboren 1952 in Gelsenkirchen. Studium der Germanistik und Philosophie in Bochum. Referendarzeit in Düsseldorf. Von 1977 bis 2015 Lehrer an einem Gymnasium in Meerbusch. Lebt in Krefeld.

Veröffentlichungen: „Jakob". In: Ausgewählte Werke X, Bibliothek deutschsprachiger Gedichte, 2007; „Ein neues Leben". In: Diebe. Anthologie. Kurzgeschichtenwettbewerb 2010/2011. Literareon, Herbert Utz Verlag, 2011; Und wenn". In: Ausgewählte Werke XV, Bibliothek deutschsprachiger Gedichte, 2012: „Amerikanische Nacht". Leverkusener Short-Story-Preis 2013; „Besuch". In: Die Sachensucherin. 55 kurze Geschichten. Klartext Verlag, Essen, 2015

Ingo Munz

Das Wohnzimmer

… es geht … es geht. Du weißt ja … schnell kriegt man so eine Sache nicht aus dem Kopf. Wahrscheinlich sogar nie. Aber wer weiß das schon? … Es ist komisch. Immer wieder muss ich denken an den … an die Fliege, an diese dicke Fliege … eine Schmeißfliege wohl, die, die so grünlich glänzen, bläulich auch und die so unglaublich dick sind … und wohl nicht zu den Schlausten gehören. Wie die immer wieder mit ihrem Dickschädel gegen die Scheibe gedonnert ist, immer und immer wieder. Stundenlang. Gewiss wollte die raus. Dabei gibt's da draußen ja gar nix zu sehen. Nix Besonderes. Du weißt ja, wo wir wohnen, da ist ja gegenüber tatsächlich nix, nix, was man besonders gerne sich anschauen wollte … Immer und immer wieder … sssd … sssd … sssdsssd. Ich krieg die nicht mehr aus dem Kopf. Dabei hab ich sie zunächst gar nicht gesehen, nur gehört. Im Sommer nimmst du dieses Gesumme ja irgendwann nicht mehr wahr. Jedenfalls steckte die hinter der Gardine, also zwischen Gardine und Fensterscheibe. Du kennst ja die Gardine in unserem Wohnzimmer. Man müsste sie ja eher Vorhang nennen, ein karmesinroter Vorhang aus diesem schweren Stoff, wie ein Theatervorhang, wo du nicht durchgucken kannst … Es sollte ja alles immer schön dunkel sein … Ja, irgendwo zwischen Gardine und Fensterscheibe musste sie herumschwirren, die Fliege, und ich habe mir gedacht: Links und rechts wäre doch Platz. Da könnte sie doch hinaus. Nach oben oder unten entfliehen – das hätte nicht funktioniert, weil ja die Gardine tatsächlich von der Leiste ganz oben bis ganz nach unten auf den Boden reicht. Aber zur Seite hätte sie natürlich jederzeit hinausfliegen können. Das hat sie aber nicht verstanden. Das hat sie einfach nicht verstanden.

Ist immer nur mit ihrem sturen Schädel gegen die Scheibe gedonnert ... Und das Fenster war ja fast immer zu. Ich hab es ja nicht aufmachen sollen. Außer mal kurz am Morgen oder dann am Abend, zum Stoßlüften ... Wenn sie sich wenigstens mal nach links oder rechts orientiert hätte – irgendwann wäre sie im Flur und in der Essnische gelandet und bald im Badezimmer, in der Küche oder im Schlafzimmer. Da steht ja immer ein Fenster zumindest mal auf Kippe, und dann wäre sie schnell an der frischen Luft gewesen ... Wenn sie zum Beispiel links hinausgeflogen wäre, dann hätte sie zumindest fernsehen können. Du weißt, da steht ja unser altes Monstrum auf diesem wirklich alten Tisch. Ha! Ob Fliegen sich fürs Fernsehprogramm interessieren? ... Was sieht Vogel Strauß im Sande? ... Mensch, Mensch, Mensch, was sind wir immer davor gehockt und haben da rein geglotzt, Ewigkeiten lang und einhellig. Schön war's, einfach schön. Und wenn mich das Programm gelangweilt hat, dann habe ich immer nach unten geschaut und den alten Tisch bewundert. Nussbaumholz. Mit diesen Tischbeinen, die sich wie Äste winden, schön verschnörkelt, ganz feines Schnitzwerk, und die sich irgendwann weiter oben zusammentun, um die Marmorplatte zu tragen. Ich mag den Tisch. Man sieht so etwas ja heutzutage kaum noch. Und auf der Platte dann das weiße Deckchen, ganz fein gehäkelt, vor – was weiß ich? – zweihundert Jahren, von irgendeiner längst verstorbenen Tante ... Und darauf dann der alte Fernseher. Und ich muss dann immer an unsere vielen Umzüge denken und an die Schwierigkeiten, die ich hatte, dieses Ungetüm zu transportieren. Man wusste ja nie, wo man es am besten anpacken sollte, wegen des dicken Bauchs, der den Fernseher so unglaublich breit machte, viel zu breit für meine kurzen Arme. Mittlerweile sieht man solche Apparate ja nur noch beim Sperrmüll. Die ollen Dinger will ja keiner mehr haben, noch nicht mal geschenkt! Stehen auf Gehwegen herum wie ... wie Aussätzige. Aber sei's drum! ... Neben dem Fernseher kommt dann ja gleich der Durchgang zum Flur und zur Essnische. Da haben wir damals noch gemeinsam die Tür eingebaut. Weißt du's noch?

Denn das war ihr wichtig, also dass man das Zimmer mal zumachen, die Tür mal schließen konnte, wenn die Pflege kam. Und wenn die Pflege kam, da habe ich schleunigst raus müssen aus dem Zimmer. Da habe ich nicht zuschauen dürfen, wenn sie gewaschen wurde. Ich bin dann oft in die Küche, habe das Essen vorbereitet oder bin mal für ein paar Minuten ganz raus, um frische Luft zu schnappen. Nein, da habe ich nicht zuschauen dürfen. Und man musste ja auch ein Auge haben auf die Pflegerinnen. Die sollten ja nicht die ganze Zeit in der Wohnung herumstromern können. Gelegenheit macht Diebe ... Mittags ja nicht. Denn mittags kam immer die Ludmilla. Ein sehr anständiges Mädchen. Die ging auch mit der Anna ganz anders um. Respektvoll, fast liebevoll. Aber am Abend, am Abend wussten wir ja nie, wer da kommen würde und sie wäscht, die Kissen mal aufschüttelt und Anna eincremt. Das waren fast immer unterschiedliche Mädchen aus aller Herren Länder. Mal kam diese stämmige Polin, die immer so finster dreinblickte und der man auf der Straße echt aus dem Weg gegangen wäre. Und tags drauf spazierte wieder jemand ganz anderes herein, Ukrainerinnen, eine Armenierin war auch mal da. Ich hab das ja nicht machen sollen. Und da war es uns schon recht, dass es die Tür gab. Nicht nur wegen mir, weil ich der Zeremonie wirklich nicht zuschauen durfte ... Na ja und den Couchtisch, den Couchtisch hatten wir bald in den Keller gebracht, damit das Bett ins Wohnzimmer passen würde. Ehrlich gesagt überlege ich, ob ich ihn wieder nach oben holen soll. Unten steht er ja doch nur herum. Besser wird er dadurch gewiss nicht. Und der Turm mit den vielen CDs, daneben das Sideboard, darauf die kleine Truhe mit Annas Briefen und die lange Vase für unsere geliebten Gladiolen – all das steht noch immer in der Ecke und ein wenig zur Wand hin, wie eh und je, und wie ... ach ... wie die Couch freilich auch ... Ich bin ja immer nur ungern darauf gesessen. Viel lieber hockte ich in dem abgewetzten Sessel, nicht nur wegen der Augen, um näher vor der Mattscheibe sitzen zu können. Anna, Anna hatte ja Adleraugen. Von dort hinten konnte sie immer alles prima erkennen. Ich ganz vorne und sie dort hinten auf der Couch. So hockte sie mir fast im Rücken.

Und ich stellte mir immer wieder gerne vor, wie sie nicht in den Fernseher, sondern auf mich schaute, um herauszufinden, wie ich auf dieses oder jenes dort in der Kiste reagieren würde. Wenn ich dann aber schnell zu ihr hinguckte, dann schaute sie immer ganz normal in den Fernseher und ich war enttäuscht, bis ich mir einredete, dass sie es rechtzeitig bemerkt hätte, wenn ich mich umdrehte, und sie hätte dann absichtlich an mir vorbei in die Glotze geäugt ... So war das ... Und später, als sie nur noch im Bett liegen konnte, da habe ich den Sessel dann doch weiter zurück gestellt, direkt ans Bett, neben sie, damit ich Anna besser verstehen konnte. Ihre Stimme wurde ja immer schwächer. Und dann habe ich manchmal ihre Hand genommen und wir haben wieder gemeinsam in die Glotze gesehen, aber ehrlich gesagt habe ich oft gar nicht so recht bemerkt, was da gerade dran war, weil ich natürlich oft an ganz andere Sachen gedacht habe. An ihre Hand, zum Beispiel, und dass ich die bald nicht mehr würde halten können. Es war uns beiden ja klar, dass das nicht mehr ewig so weitergehen, dass bald Schluss sein würde ... An dem Tag, als die Fliege dort hinter der Gardine diesen Rabatz machte, da war am Abend ausnahmsweise die Ludmilla da. Ich weiß gar nicht mehr genau warum. Jedenfalls, als die Arbeit erledigt war, da hatte ich den Eindruck, die Ludmilla würde auf mich warten. Sie gab mir zum Abschied die Hand, das war ihr wichtig, gespürt hab ich das. Und dann frug ich sie, ob denn alles in Ordnung sei. Und sie hat dann fast ein wenig herumgestottert und sagte so etwas Ähnliches wie, na ja, dass es der Anna nicht gut gehen würde. Och, hab ich gesagt, so hätte ich das gar nicht gemeint. Vielmehr wollte ich wissen, ob denn bei ihr, bei der Ludmilla alles in Ordnung sei. Ich hatte nämlich noch einen halben Kuchen über, den ich ihr mitgeben wollte. Die Anna hatte an dem Wochenende keinen rechten Appetit gehabt, obwohl es ihr Lieblingskuchen war. Ein Obstboden. Sogar Schlagsahne hatte ich gemacht. Aber die Ludmilla hat ganz verwirrt abgelehnt und ist dann schnell verschwunden. Ganz betrübt war sie ... Ich bin dann rein ins Zimmer und habe sofort die Fliege gehört, wie die immer wieder gegen die Fensterscheibe gedonnert ist. Wie wenn sie der Teufel geritten hätte.

Aber ich hab mich nicht weiter kümmern wollen, sondern hockte mich gleich zu Anna in den Sessel. Und wie immer habe ich sofort ihre Hand genommen und habe sie ein wenig gestreichelt. Das mochte sie doch immer so gerne, gerade nach dem ganzen Prozedere, der Wascherei und dem hin und her Wälzen – das hat sie nämlich immer sehr angestrengt. Aber jetzt war sie gar nicht erschöpft, sondern eher aufgeregt. Und ganz aufgeregt hat sie etwas sagen wollen, das habe ich gespürt. Aber man konnte sie ja kaum noch verstehen. Ich habe dann mein Ohr fast auf ihren Mund gelegt, aber auch das hat nichts geholfen. Ich habe sie einfach nicht verstehen können. Was ist denn los, Anna, habe ich gefragt. Aber wiederum wusste ich nicht, was sie mir sagen wollte. Ich habe dann einfach erzählt, was ich draußen so gemacht hätte, während die Ludmilla da war. Habe erzählt, dass ich ihr den übriggebliebenen Obstboden mitgeben wollte. Dass Ludmilla ihn aber verschmäht hätte und dass ich ihn jetzt selber essen werde, es sei denn, sie wolle doch noch ein Stückchen probieren. Sogar Schlagsahne sei ja noch da, habe ich gesagt. Aber darauf hat die Anna nicht wirklich reagiert. Und in meiner Verzweiflung ließ ich ihre Hand los, um beide Hände frei zu bekommen und dann habe ich der Anna das Haar aus der Stirn gestrichen, ganz zärtlich, und habe gesagt, dass sie doch etwas essen müsse, sonst, habe ich gesagt, fällst du noch ganz vom Fleisch. Und ein bisschen, das weiß ich ganz genau, hat dann die Anna gelächelt. Aber ich habe mich gar nicht freuen können, denn jetzt sehe ich, wie sie mir ganz angestrengt etwas bedeuten will. Sogar den Zeigefinger hatte sie ausgestreckt und der hat auf mich gezeigt. Ja was ist denn, habe ich die Anna gefragt, ist was mit mir? Aber das war's auch nicht. Und da habe ich mich umgedreht und ich sehe den Fernseher und frage natürlich, ob ich den Fernseher einschalten solle. Aber das wollte die Anna auch nicht. Und plötzlich nahm ich die Fliege dort hinter der Gardine wieder wahr und da wusste ich endlich, was die Anna wollte, und ich habe gesagt: Soll ich die Fliege hinauslassen? Und jetzt, da bin ich mir ganz sicher, da hat die Anna ganz gewiss gelächelt, das habe ich genau gesehen und ich habe mich gefreut, denn es ist ja immer so schön gewesen, wenn die Anna gelächelt hat und dann bin ich aufgestanden und hin zum Fenster gelaufen.

Vorsichtig habe ich die Gardine zur Seite geschoben, nur ein bisschen, denn ich wusste ja, dass nicht viel Licht ins Zimmer fallen sollte. Und das eine Fenster, das habe ich auf Kippe gestellt und habe versucht, mit der Hand die Fliege in Richtung Öffnung zu befördern. Aber es gelang mir nicht. Und so bin ich hin zum Fernseher und habe die Zeitschrift genommen und damit ist es mir dann endlich gelungen, die Fliege hinauszubefördern. Jetzt ist sie raus, habe ich ganz laut und feierlich gerufen, und sogar habe ich versucht, der Fliege noch nachzublicken. Aber ich verlor sie sofort aus den Augen. Für einen Moment stand ich stumm da und wusste wohl nicht recht, was nun zu tun sei, wandte mich dann aber um und frug die Anna, ob ich denn nicht ein bisschen durchlüften solle. Aber es kam keine Antwort und so habe ich das Fenster wieder geschlossen und die Gardinen wieder ganz zugezogen, um mich hernach wieder zurück in den Sessel zu setzen. Und sofort hab ich der Anna ihre Hand genommen und ich war ja auch ein bisschen stolz, dass jetzt endlich eine Ruhe ist und die Fliege frei. Aber da sehe ich, dass der Mund und auch die Augen von der Anna so halb offen stehen, und dass der Bauch von der Anna sich ganz extrem wölbt, rauf und runter ging der Bauch, und aus dem Mund von der Anna kamen jetzt ganz laute Geräusche, wie bei einer Maschine, wie aus einem alten Lautsprecher, und ihre Hand ist plötzlich ganz kalt geworden und die Geräusche aus ihrem Mund wurden seltener. Die Abstände aber, in denen ihr Bauch sich wölbte und wieder einzog, die wurden immer länger und irgendwann hat sich Annas Bauch überhaupt nicht mehr bewegt und auch das Geräusch aus Annas Mund hat aufgehört eines zu sein. Und dann, dann nahm ich meine rechte Hand und habe den halbgeöffneten Mund meiner lieben Anna geschlossen. Und dann, dann nahm ich die linke Hand und habe sie auf Annas Stirn gelegt und ganz sanft und ganz langsam bin ich nach unten geglitten, um ihre noch immer geöffneten Lider zu schließen.

Mein Kopf, ich weiß gar nicht warum, hat sich dann in die Höhe gerichtet und dann, ich weiß gar nicht warum, tat ich mich bekreuzigen, und habe, glaube ich, lieber Gott gerufen und dann, dann haben sich meine Hände in die Matratze gebohrt, damit ich Anna umgreifen, sie umarmen konnte und meinen Kopf, den legte ich auf Annas Brust und ich blickte sie an und ich fing an zu weinen. Ich weinte, wie ich nie zuvor in meinem Leben hatte weinen müssen. Und ich weine im Grunde noch immer. Und jetzt, mein lieber Freund, jetzt fragst du mich, wie es mir geht? – Es geht mir nicht gut.

Autorenvita: Ingo Munz

Ingo Munz, geboren 1973 in Erlenbach am Main, Sohn des Maschinenschlossers Bernd Munz. Schreibt Prosa, Drama und Lyrik. Lebt mit seiner kleinen Familie seit einem Vierteljahrhundert im Ruhrgebiet. Derzeit Arbeit an der Novelle »Der Tisch« sowie an kleineren Prosastücken und auch wieder Lyrik.

Weitere Erzählungen in:In der Niederlage liegt eine Würde, die dem Sieg kaum zusteht – Geschichten aus Ruhrgebiet. Verlag Ingo Munz, Essen: 2017. Vater werden. 50 Miniaturen über jene neun Monate, die uns zu Männern machen. Verlag Ingo Munz, Essen: 2015.

Romane: Liebe. Der Roman mit dem Mut zur Meinung. Verlag Ingo Munz, Essen: 2019. Das Nichts und die Liebe. Ein gänzlich humorloses, dafür durchaus politisches Erzählwerk. Verlag Ingo Munz, Essen: 2014.

Katharina Haase

Kirschen gegessen

Weißer Flieder vor dem Eingang. Eine grüne Markise, so ein schäbiges Dunkelgrün mit einigen goldenen Fransen, es fehlt ein roter, dreckiger Teppich. Die Halle riecht nicht nach Zitrusfrische, ich hatte Zitrusfrische erwartet, aber diese Halle riecht nach gar nichts. Da sitzt eine Frau an einem runden Tisch vor einem Teller voller Kuchenreste – „Kuchenränder!" schreit Anneliese in mein Ohr und rennt an mir vorbei – und neben diesen Kuchenresten liegt ein ganzer Berg von Kirschen. Die Frau pult Kirschen aus dem Kuchen und lächelt und legt sie auf die abgewetzte blaue Plastikdecke.

Die Anneliese hat sich niemals Kirschen übers Ohr gehangen, die Anneliese hat sich keine Kränze geflochten, aus Margeriten und Gänseblümchen für's Haar, ihr schönes, feuerrotes Haar, aber häßlich eigentlich, weil es ja gar nicht gepasst hat, wenn sie den blühenden Hügel hinunter lief – Kuchenränder! – den Ball fest in der Hand – fang! - vorbei an mir und den milden Tönen der Kirschblüte, dieses Geflieder, dieses weiß blasse Geflieder und dann diese Haare – fang! Wenn du den Ball nicht fängst, hast du Kirschen gegessen.

„Kennen Sie das?", frage ich die Pflegerin.

„Kennen sie das in Norddeutschland, dieses Kinderspiel mit dem Ball? Fängst du ein Mal nicht, hast du Kirschen gegessen, fängst du zwei Mal nicht, hast du Wasser getrunken, drei Mal Bauchweh bekommen, vier Mal – ja vier Mal ist dann tot – also aus, also raus aus dem Spiel."

„Na, det ist ja furchtbar! Jetzt kommen sie erstmal mit, ick zeig ihnen ihr Zimmer."

An einem frühen, die Sonne ist schon aufgegangen, Feldmorgen gehen wir nicht zu den Bäumen, die Anneliese hält keinen Ball und ruft nicht an mir vorbei, laufend zum Bäcker wo es Kuchenränder für die Kinder, Kinder für die Kuchenränder gibt, für uns. Noch. Jetzt noch. Jetzt noch gehen wir über das Feld ohne hoch zu schauen, ohne hoch zu schauen, es ist noch so ein früher Feldmorgen und die Anneliese hat ihren roten Rock an, der passt zu weißen Bäumen besser als das feuerrote Haar. Ganz früh für die Bahn in die Stadt, die Stadt, ein Reich aus Türmen und Fachwerk, „in einem Fachwerk werde ich mal wohnen", sagt die Anneliese und steckt sich – nein, das kann ja nicht sein, einen Lutscher – nein, das kann nicht sein.

„So, aber jut festhalten am Geländer! Nich', det sie mir verschütt gehen!"

Die Treppe ist ja viel zu breit, wie soll da einer verschütt gehen. Mein Mann hatte einen Patienten, der hatte Angst, verschütt zu gehen, immer wenn er die Treppe zur U-Bahn runter ist. Oder die Treppe vom Büro oder die Treppe im Theater, denn das hat ihn erinnert an die erste Treppe, an die Treppe aller Treppen, an die treppigste Treppe.

„Ich hab den hutigsten Hut!", schreit Anneliese viel zu laut durch die Bahn und es tut weh, das Lachen, weil alle Kinder versuchen, sich zu überstimmen, nur um zu lachen, Kinder lachen gar nicht wirklich, weil sie etwas lustig finden, nur Teil wollen sie sein, einer Gesellschaft, einer Gemeinschaft, waren wir eine Gemeinschaft noch – jetzt geh doch nicht die Treppen runter, das schmale kleine Treppchen, geh es doch wieder rauf Anneliese – nicht, dass sie mir verschütt gehen - das Treppchen vom Waggon hinab und in die Stadt, das Gebilde aus Türmchen und Fachwerk.

Tiere kennen wir ja alle – die Schafe, die Kühe, die Katzen. Aber einen Elefant – ein Elefant ist halb verbrannt, ein Elephant ist ganz verbrannt, ein Elephant – nein, einen Tiger haben wir noch nie gesehen, nein, einen Tiger haben wir noch nie gesehen und einen Uhu auch nicht. Der Zoo ist gar nicht weit weg, sagt die Anneliese, der Zoo ist gar nicht weit weg, sagt die Anneliese und da war auch eine Begleitperson. Muss gewesen sein.

„Na, können sie noch oder soll ick ihnen behilflich sein?

„Nein", schüttele ich den Kopf, nein, du Dumme, ein Uhu ist eine Eule, nur größer. Den ganzen Weg, den ganzen Weg, wie sollten wir das denn wissen, wir Kinder vom Lande, so viele Geräusche in dieser Stadt, ein Auto – da, ich hab noch eins gesehen! – und dann sehr, sehr laut. Sehr, sehr laut. Doch sehr ziemlich laut, die Begleitperson muß ja gesagt haben, Kinder, das ist die Sirene, Sirene, Sirene und Odysseus fesselt sich an den Mast, sagt mein Mann und er will die Sirenen nicht hören, sagt mein Mann, er schützt sich vor der Natur, sagt mein Mann und damit beschneidet er sich seiner menschlichen Verführbarkeit, sagt mein Mann. Aber das sagt er später, viel später, als man auf der Straße schreit.

Wir Kinder durften nicht auf der Straße schreien. Man hatte Handschuhe an und schrie nicht auf der Straße und war noch sehr höflich zu älteren Menschen, und danke und bitte und schrie nicht, man kniff sich zusammen, man schrie nicht, die Begleitperson schrie auf der Straße und alle behandschuhten Leute, plötzlich ohne bitte danke, schrien auf der Straße und der Spitzenhandschuh zeigt irgendwo hin. Die Anneliese läuft – man rennt doch nicht auf der Straße! – aber die Anneliese ist so ein Kind, der will man gefallen, die hat so eine Macht über einen, da laufe ich auch, oh, ich bin gut, ich kann ja viel schneller als die blöde Anneliese, aber das zeige ich nicht, weil der Anneliese, der will man gefallen. Der kirschrote Rock, an dem halt ich mich fest, und alle Erwachsenen spielen mit und schreien und laufen aber keiner schneller als die Anneliese und ich.

„Der Zoo", ruft die Anneliese und dreht sich um und zeigt mit nacktem Finger auf ein graues halb verkohltes riesiges, riesiges –

„Riesiges Zimmer haben se hier, det muß man schon sagen! Ach, sie Arme, ick hab sie ganz erschöpft jetze – na wir hätten ja och den Fahrstuhl, aber fit muß man sich halten, so lange wie det geht, wa! Schwimmbad haben wir auch – ja, mit Wassergymnastik jeden Donnerstag früh und Nachmittag. Det is ganz sicher, da kann auch nischt passieren, weil wir haben Schwimmwesten, wissen sie, so welche aus Styropor."

Mein Zimmer. Mein Zimmer und ein Schwimmbad gibt es auch.

„Und einen Lesesaal!", sagt mein Mann, denn auch im Urlaub will er lesen. Einen Urlaub kann man sich jetzt kaufen, über's Reisebüro und eine Waschmaschine von Bosch oder Siemens – nein, die Waschmaschine kommt später, aber man richtet sich ein, einen Zustand, eine Existenz baut man auf, Kiesel für Kiesel, Steinchen für Steinchen, wer zu genau hinschaut, dem zerfließt das Bild vor Augen. Und man muss anfangen, muss sein, die Jugend ist nur dazu da, um sich aufzubauen, zu errichten ein Machwerk aus Türmchen und Fachwerk. Wir sind jeden Abend zwischen sechs und neunzehn Uhr, wir sind jeden Abend zwischen fünf und zwanzig Uhr zusammen und sprechen und besprechen unseren Tag und mein Mann sagt, nur Beendetes ist wirklich, nur was abgeschlossen ist, ist wahr.

„So, na vielleicht können sie nach 'm Mittagessen auspacken? Det würde jetze gerade so gut passen, dann essen sie jetzt erst mal ganz gemütlich, und später packen wir denn aus! Wo stellen wir denn den Koffer hin – "

Den Koffer brauch ich noch um zu reisen – ach nein, wie dumm, das ist ja mein Zimmer mit Schwimmbad und ohne Balkon und den anderen – Gästen. Sommerfrische, Herbstkur, Winterpartie und Frühlingsausflug zu den Kirschbäumen. Ja, so muß man das sehen, aber man wartet ja in den Ferien, auf das Packen.

Die Pflegerin kontrolliert, sie schüttelt, prüft den Wasserhahn, die Polster auf Bequemlichkeit, die kann man sich kaufen, bei Otto und bei Neckermann.

Hier ist doch bestimmt alles sauber gemacht von dem Letzten – der, der hier vorher, oder sie, die hier vorher, das musste ich nicht fragen, bei uns war alles neu in unserem Häuschen, alles neu, keine Altbauwohnung in der Stadt, kein Fachwerk, da muss man nicht fragen wo denn die in der Zeit, und ob der denn zurück, da kann man kaufen einen Nierentisch, ein großes Radio, ein Sofa mit echten Ledersitzen, ein Schlafzimmer aber keine gute Stube, man braucht keine gute Stube, man braucht ein Zimmer, ein Zimmer ist funktional und wird beheizt. Zimmer ist ein häßliches Wort, aber schöne Zimmer haben wir, mein Mann und ich, alles hell, im Garten mit Flieder. Die Nachbarskinder spielen mein Spiel, unser Spiel, sie spielen Kirschen gegessen – Wasser getrunken – Bauchweh bekommen – tot, tot, tot und singen tot, tot, tot, Kinder sind grausam, sagt mein Mann und isst Kuchen mit Sprühsahne.

„Ach, ick weeß gar nicht, was et zu Mittag gibt, nee, da lang, wir benutzen jetze den Fahrstuhl, denn kennen sie den auch gleich.

So, gucken sie mal, da sind wir schon wieder in der Halle, haben sie ja vorhin schon reinschmulen können. Haben sie denn schon kräftigen Appetit?"

„Kein Mittag!" ruft die Anneliese und läuft an mir vorbei, dreht sich in ihrem kirschroten Rock, und wirft mir den Ball an die Schulter, du hast Kirschen gegessen, du hast Käfer im Mund.

Die Anneliese sitzt in der Halle mit Kirschen und Kuchenresten, sie hustet und zeigt mit nacktem Finger auf das Wasser. Die Pflegerin schaut Anneliese an, ganz ruhig, kein Grund zur Eile.

„Wasser!" schreit sie jetzt, man schreit doch nicht, und läuft, ich kann viel schneller als die blöde Anneliese, kriegt gar keine Luft, das riecht nach Flieder, die Luft im Frühling riecht immer nach Flieder – wenn die Anneliese nicht so schnell gelaufen wäre in ihrem roten Rock...

„Schlucken – schlucken!" Die Anneliese schluckt nicht, die Anneliese spuckt, die Spucke läuft von meiner Wange, jemand sagt; warum weinst du, „Kein Mittag!", schreit die Anneliese ihrer Mutter zu, die lachend mit dem knallgelben Postrad am Wiesenweg, kein Mittag, und sie steckt sich die Kirschen in den Mund, alle auf einmal, „Schlucken!" schreit die Pflegerin, das blendet, die laute Sonne und der grelle Mund von der Anneliese, dieser kirschrote Mund, „Schlucken!", aber die Kirschen kullern schon von der abgewetzten blauen Plastikdecke.

Autorenvita: Katharina Haase

Katharina Haase, geb. in Offenbach a.M.. In Berlin studierte sie unter anderem Politikwissenschaft, Judaistik und Osteuropawissenschaften. Bislang hat sie unter anderem die Kurzgeschichten „Pessach" in „Writing as an Unhuman Revolution – Short Stories compiled by Viktor Jerofejew", in der Edition AVL Berlin und den Essay „Jenseits der Kastanien", in: Alt-neue Peripherie, Die Vielfalt Europas in der Ukraine, im Aphorisma Verlag Leipzigveröffentlicht. Derzeit schreibt sie unter anderem für den Literaturblog „Read Ost".

Regina Rheinwald

Wenn die Mutti am Herd stand und kochte…

Wenn die Mutti am Herd stand und kochte, dann ploppte kein Video auf, keine Sprachnachricht tönte und keine Alexa machte ihr einen Rezeptvorschlag. Das Rezept war in ihr, die Filme auch, und es waren keine schönen Filme. Es rief auch niemand mehr an, keiner mochte mehr anrufen.

Man konnte nicht erklären, wie es immer wieder dazu kam. Selbst, wenn man über ein so belangloses Thema wie das Wetter zu plaudern versuchte, dauerte es nicht lang und man lag zusammen mit der Mutti im Graben, über einem die Tiefflieger und unter einem das Baby, das man in einem Koffer über den Schnee zog.

Oh, sehen Sie, es klappt auch, wenn man nicht über das Wetter spricht, oder über Urlaub, über den man dann unvorsichtigerweise zum Stichwort Koffer gelangt.

Plopp! Sieh dir an, was deine Freundin für ein Video hochgeladen hat!

Wie süß! Ein Hundewelpe versucht sich am Ohr zu kratzen, kann sich aber noch nicht halten und fällt immer wieder um. Wer die Freundin ist? Keine Ahnung. Es ist eine von den zahlreichen Freunden und Freundinnen, denen man zum Geburtstag gratuliert, weil Facebook einen geradezu nötigt, es zu tun: Deine Freundin Blablabla hat heute Geburtstag. Gratuliere ihr, indem du etwas in ihre Chronik schreibst!

In der Küche von der Mutti war es still. Nur die blubbernden, zischenden und simmernden Kochgeräusche umgaben sie und die Filme in ihr starteten inline. >Was gibt's denn heute zu essen< konnte bereits ein Auslöser für einen ihrer zahlreichen Ausraster sein.

>Sei nicht so neugierig! Wir wären froh gewesen, wenn wir auch nur irgendetwas zu essen gehabt hätten! Da hätte niemand zu fragen gewagt, was es gibt! Da war man froh, dass es überhaupt etwas gab! Wenn man in Eiseskälte …<

Und schon lag man wieder mit der Mutti in einem Graben, über einem die Tieflieger und unter einem das Baby, das man in einem Koffer über den Schnee zog.

Hallo Regina! Bitte unterschreibe diese Petition! Flüchtlinge kentern im Mittelmeer, schon 2448 Flüchtlinge sind in diesem Jahr ertrunken! Ein Klick und die Petition ist unterschrieben. Name und Adresse wird automatisch ausgefüllt. Nie war es so einfach wie heute, seinen Protest auszudrücken! Die damals mussten ganz heimlich protestieren, einer Weißen Rose im Schnee gleich, gut getarnt.

Plopp! Ein neues Video wartet auf dich! Katzenwelpen umarmen sich. Ist das niedlich!

„He, Minka! Guck mal!" Doch Minka schnurrt in ihrem Körbchen und denkt gar nicht daran, dieses Video zu teilen. Auch nicht mit mir.

Ganz selten war die Mutti auch lustig. Dann erzählte sie, wie sie den Hitlergruß mit so viel Schwung ausübte, dass sie rückwärts in eine Vitrine fiel. Dann machte sie es noch einmal in der Küche und fiel fast in den Topf mit dem brutzelnden Sonntagsbraten. „Es war ja nicht alles schlecht am Hitler. Die Autobahnen hat er gebaut, die Menschen von der Straße geholt, er mochte seine Hunde und die Kinder, die hat er geliebt."

Vielleicht hat er sie deshalb in den Volkssturm geschickt?

Plopp! Sieh dir den neuen Beitrag von deiner Freundin Blablabla an: Putin mit nacktem Oberkörper im Schnee, Erdogan streckt der Welt vier Finger entgegen und Trump lässt seine Familie auf der Bühne Amerikas aufmarschieren. Echt männlich, dieser Putin! Man muss ja auch nicht immer alles so wahnsinnig ernst nehmen. Vielleicht einfach mal lachen, so wie die Mutti, wenn sie von ihrem überschwänglichen Hitlergruß erzählte.

Regina, du kannst nicht die Welt retten. Genau! Da gibt es doch Organisationen für, da braucht man nur klicken, aber ach – ob das überhaupt etwas bringt? Bringt überhaupt noch etwas irgendetwas?

Alexa meldet sich zu Wort. Sie schlägt Schuhe vor, High Heels, knallgelb, mit blutroten Absätzen, und zu einem sensationellen Preis, aber nur noch bis siebzehn Uhr.

Blutrote Absätze, die wären wieder das Stichwort für die Mutti gewesen. Also hätte man Alexas Vorschlag lieber vor ihr verheimlicht. Schier ausgerastet wäre die Mutti. An die vielen Toten, die neben ihr lägen, getroffen von den Schüssen aus den Tieffliegern, hätten diese Absätze sie erinnert.

Und schon läge man wieder mit der Mutti in einem Graben, über einem die Tiefflieger und unter einem das Baby, das man in einem Koffer über den Schnee zöge.

Ertrinken ist gar nicht schlimm, hat die Mutti immer wieder erzählt. Man sinkt langsam hinab in die Tiefen des Wassers, es gurgelt angenehm um einen herum, dann schwinden einem langsam die Sinne, man hat schöne Träume - Gott sei Dank, denn die Mutti hat viele Menschen mitsamt ihrer Karren auf der Flucht über das Haff ins Eis einbrechen sehen. Ganz schnell sind sie unter dem Eis verschwunden und ertrunken. Da ist es gut, wenn man weiß, dass Ertrinken ein schöner Tod ist, ein gnädiger Tod.

Ich hoffe, dass die afrikanischen Flüchtlinge das auch wissen. Dann haben sie vielleicht nicht so furchtbare Angst. Die Europäer, so denke ich, die wissen das bereits.

Ich vermute, dass sie diese Dramen auf dem Mittelmeer deshalb auch so gut aushalten und eben trotz allem gut auf ihre Außengrenzen achten. Ich müsste das mal googlen, das mit dem Ertrinken. Manchmal ist mir nämlich genauso, wie die Mutti es beschrieben hat, nur dass die Träume nicht so schön sind. Aber die Sinne, die scheinen mir manchmal auch zu schwinden, wenn ich solche Bilder sehe, also vom Mittelmeer, nicht die schönen mit Stränden und Sonne und Sonnenschirmen und Sonnenliegen, sondern die mit den leeren Booten, oder mit den überfüllten Schiffen, voller durstiger, hungriger, traumatisierter Menschen.

Plopp! Sieh dir die Bilder an, die deine Freundin Blablabla gepostet hat: Bin in Berlin in diesem total angesagten Restaurant. Sieht das nicht cool aus? Echt krass! Bin total happy!

Man sieht ein außergewöhnlich angerichtetes …, ja, keine Ahnung, aber es ist etwas zu essen und sieht cool aus. Wie man dem Text entnehmen kann, hat sich dieses Restaurant darauf spezialisiert, Essen auf den Tisch zu bringen, das besonders schick und außergewöhnlich aussieht, damit man es posten kann. Ich glaube, man kann es dann auch essen.

Das Essen von der Mutti war nie besonders dekoriert, nicht mal etwas Petersilie auf den Salzkartoffeln. Drei Töpfe, einer mit Kartoffeln, einer mit Gemüse, einer mit Fleisch, oder eine Pfanne. Dann wurde es auf den Tellern platziert, Soße drüber, fertig. Dieses einfache Anrichten lenkte sie dann auch nicht allzu sehr von ihren Filmen ab, die sie mit aller Welt geteilt hätte, wenn es Facebook schon gegeben hätte. Was für eine Gruppe wäre das geworden! Millionen von Menschen, vom Krieg traumatisiert, die meisten nur stumme Mitleser und Mitleserinnen. Ganz vorn dabei wäre die Mutti gewesen und hätte alle mitgenommen auf ihre Erinnerungsreise.

Und schon hätte man wieder mit der Mutti in einem Graben gelegen, über einem die Tiefflieger und unter einem das Baby, das man in einem Koffer über den Schnee gezogen hätte.

Aber so waren alle Menschen, die näher mit der Mutti zu tun hatten, ihre Facebook-Gruppe, ploppten ihre Filme genauso ungefragt, zu genauso unpassenden Zeiten, und mit denselben unzähligen Wiederholungen auf, wie die Videos und Beiträge der Freundin Blablabla und all der anderen.

Wenn die Mutti am Herd stand und kochte, dann schwankte die Küche oft wie ein Schiff im Wellengang. Im Wellental war es ruhig und man schöpfte Hoffnung, bis einen eine nächste gewaltige Woge unerwartet wieder nach oben katapultierte, um einen danach in scheinbar unendliche Tiefen fallen zu lassen. Vielleicht war das so, weil die Mutti einen gern mitnahm zu dem Hafen, in dcm die Gustloff lag, die auf ihre Flüchtlingsladung wartete. Wäre da nur nicht das Baby, das man im Koffer über den Schnee…

Und schon lag man wieder mit der Mutti in einem Graben, über einem die Tiefflieger und unter einem das Baby, das man in einem Koffer über den Schnee zog.

Aber dieses Baby war jetzt hungrig und deshalb ging die Mutti auf die Suche nach etwas Milch für das Kind, was den beiden dann das Leben rettete, weil das Schiff voll war, als sie zurückkamen, sie die Gustloff also „verpassten" und sie somit nicht von den eisigen Tiefen der See verschlungen wurden.

Alexa meldet sich zu Wort. Sie empfiehlt eine Schiffsreise ins nordische Eis, zu einem sensationellen Sonderangebotspreis, aber nur noch bis zwanzig Uhr.

Plopp! Deine Freundin Blablabla hat ein Video geteilt. Ein ertrunkenes Flüchtlingskind wird an einem Strand angeschwemmt. Schon einhundertachtundvierzigtausendmal angeklickt. Die Nation ist entsetzt.

Sie können ja nicht alle wissen, dass Ertrinken ein gnädiger Tod ist, sonst würden sie es bestimmt auch mit denen halten, die das als einen tragischen Unfall betrachten, und mit der Sicherung der Außengrenzen hat das nun wirklich gar nichts zu tun. Das europäische Boot ist voll, so ähnlich wie die Gustloff damals.

Hoffentlich trifft uns nicht auch mal eine Torpedosalve …

Alexa meldet sich zu Wort. Sie empfiehlt das Fernsehprogramm für heute Abend. Alte Lieder, neue Songs. Ein ganz neues Format auf EURORTFOX II. Favoritin ist eine Deutsche mit afrikanischem Migrationshintergrund. Sie singt das alte Lied "Wenn ich groß bin, liebe Mutti...", rockig arrangiert, aber trotzdem treibt es der Nation die Tränen in die Augen.

Wenn die Mutti am Herd stand und kochte, dann sang sie dieses Lied auch manchmal, und dann weinte sie auch, aber ich glaube, dass das andere Gründe hatte. Die Mutti war nämlich auf der Flucht in die Hände russischer Soldaten geraten. Mehrere Frauen haben die in einem Haus festgehalten, und eben auch die Mutti. Da hat sie dieses Lied gesungen, und einer der russischen Soldaten hat sie daraufhin laufen lassen.

Und weiter zog sie, über sich die Tiefflieger und unter sich das Baby, das sie in einem Koffer über den Schnee zog...

Autorenvita: Regina Rheinwald

Regina Rheinwald wurde 1957 als Tochter einer, wie es damals hieß, Vortragskünstlerin, in Ütersen, Schleswig-Holstein geboren.

Nach dem Umzug der Familie 1959 nach Hamburg schrieb sie bereits als Jugendliche Geschichten für eine Hamburger Lokalzeitung.

Während ihrer Ausbildung zur Schifffahrtskauffrau in den 80er Jahren begann sie in der freien Theaterszene in Hamburg aktiv zu werden, schrieb Sketch- und Kabarettprogramme, spielte und inszenierte beim „Harburger Theater-Sündikat", dessen Gründungsmitglied sie war und gründete unter anderem die freien Kabarettgruppen „Rheinschöps & Jäkel" und „Zum Grünen Bock".

Weitere Auftritte und Veröffentlichungen zum Thema "Pferde" folgten, Buchveröffentlichung: 2001, „Pferdisch kannst auch du lernen".

Verena Scherling

I. Wehmut

Mit einem feinen Besen fege ich die Erinnerungen vorsichtig zusammen. Es staubt ein bisschen. Kleine Häufchen entstehen. Ein Häufchen Elend. Ein Häufchen Glück. Ein Häufchen Liebe. Und ein Häufchen Trauer. Wehmütig schaue ich auf sie hinab, lehne an der stählernen Kellertüre, wickle meine Arme um den Leib, weil's mich friert, hier im Untergeschoss, in dem mich kühle Luft streift und umhüllt. Den rauen Betonboden unter meinen Füßen spüre ich nicht. Die Neonröhre summt. Der Abfluss stinkt. Hinter mir rauscht Wasser durch ein Rohr. Es fällt vom obersten Stockwerk in die Tiefe. Sickert in eine Unterwelt, die ich nie sehen werde. Fort. Abort.

Ich denke. Immerzu. Werde mir meiner Selbst gewiss und erkenne, dass mein Bewusstsein eine Tropfsteinhöhle ist. Und wenn ich laut rufe, dann hallen die Gedanken nach und das Wasser in den kleinen Pfützen erzittert. Mein Denken tropft. Mein Hoffen formt sich spitz. Meine Tränen rinnen und vertrocknen. Ihr Salz wird zu einer Erinnerung, die kristallin glitzert und im seichten Lichte schimmert.

II. Armut

Mein Mantel hat keine Taschen, mein Hemd keine Knöpfe, mein Körper keinen Duft, meine Stimme keinen Klang, meine Ohren kein Gehör. Und meine Augen? Die sehen Worte in Hinterhöfen stehen. Große Worte, die sich zusammenrotten oder rücklings an Häuserwände drücken.

Sie kokettieren, schmeicheln und rauben Sinne mit honigsüßen Buchstaben und wohlplatzierten Satzzeichen. Dennoch wissen sie nicht, wer sie sind und sie wussten nie, was sie taten. Sie wollten nicht wahrhaben, weil sie Falsches lebten. Sie machten Fehler aufgrund ihrer scheinbaren Perfektion. Nie konnten sie sein, wie sie sind und wie sie waren. Ich glaubte diesen Worten. Doch erst jetzt erkenne ich ihren Kern und versuche mit verzweifelter Geste sie zu vertreiben. Ihre Sätze sperre ich aus und ihren bissigen Vorwürfen weise ich die Tür. Als sich ihre Anführerin vor mir aufbaut, um ein Konstrukt aus pfeilscharfen Argumenten abzufeuern, strecke ich den rechten Arm gerade vor mir aus, beuge meine flache Hand leicht nach oben und rufe: Stopp! Einfach nur: Stopp!

Die konstruierten Sätze schrecken auf, verlassen fluchtartig den Ort. Die manipulativen Worte zerfallen und bröckeln wie Brotkrumen auf den Asphalt. Kein Vogel pickt sie auf, denn sie sind gallebitter und messerscharf.

III. Großmut

Das Messer. Es blitzt in meiner Hand. Es leuchtet. Der Stahl spiegelt die Sonne grellgelb in tiefschwarze Pupillen hinein. Gerade warst du noch da. Nun bist du fort. Seit einer Stunde schon. Seit vier. Seit sechs. Das Vorbei und das Nichtmehr bocken wie ein Esel. Ich mühe mich ab. Ziehe, zerre, dränge und drücke. Doch die Vergangenheit, die ist störrisch, sie schlägt aus und trifft mich mit harter Hufe am Schädel. Ich taumele, schwanke, drehe mich langsam um die eigene Achse und sinke zu Boden. Allein. Für eine Minute, höchstens zwei, bin ich ohne Macht in schwarzer Stille. Dann öffne ich die Augen und sehe Menschen, die ich nicht kenne, höre Stimmen, die ich nicht verstehe. Eine fremde Hand hilft mir auf, reicht mir ein Glas Wasser. Durstig. Hastig.

Ich trinke schnell. Mein Kehlkopf tanzt bei jedem Schluck und ich frage mich immerzu, wo du bist. Suche den Raum nach dir ab, finde dich nicht. Verschlucke mich, huste. Ein Wassertropfen rinnt mir seitlich aus dem Mund, am Kinn hinunter. Ich schaue auf und sehe tanzende, sich doppelnde Bilder. Mir wird übel. Ich falle erneut ins Leere, ins Dunkle. Fliege wie ein gehetzter Vogel ohne Flügel durch eine graue Zwischenwelt. Irgendjemand muss mich geworfen haben. Dann – endlich – in naher Ferne höre ich deine Stimme, deine Worte, deine Geschichte. Du sprichst leise, in tiefen Tönen, die manchmal zittern, manchmal beben.

Wie ein Sog zieht mich deine Melodie von mir weg, zu dir hin. Jetzt.

Auch du kommst mir nahe. Noch näher. Radikal nah.

Jetzt.

Behutsam legst du dich neben mich und deinen Kopf auf meine Schulter. Deine Hand umschließt die meine. Du blickst zu mir auf, nimmst mich vertrauensvoll in Haft und beginnst noch einmal zu erzählen. Mit gesenkter Stimme schickst du deine Worte nur langsam auf die Reise. Ich bin ganz bei dir.

Jetzt.

Genau jetzt zeigst du dich, ziehst dich aus, entblößt Scham und Stolz. Deine Worte fallen wie angeschossene Soldaten auf den Schotterweg. Soldatenworte – außen hart und beherrscht, innen weich und beschämt. Wir lassen sie liegen, umrunden sie, gehen weiter. Zwischen Laubbäumen verfängt sich ein Lichtstrahl und erhellt das Unterholz. Ich sehe ihn zittern. Du nicht. Du sprichst von fremden Frauen, verpassten Chancen und verfehlten Gelegenheiten. Wir gehen über eine schmale Brücke, weichen Kindern auf kleinen Fahrrädern aus, schauen uns schüchtern an und lächeln.

Du stotterst und stammelst und wirfst deine Lebensgeschichten wie Würfel in meine Ohren. Ich schnappe sie auf, sammle sie ein und renne, nein, fliege jeder Bedeutung mit einem Schmetterlingsnetz hinterher. Ich bin auf Trophäenjagd, auf Wortefang und Seelenklau. Ich will dich ganz. Mit jedem Laut, jeder Silbe. Mit Haut und Haar, mit Schal und Parfum, mit Strumpf und Absatz. Alles oder nichts. Doch du, du willst nur reden, dich erleichtern. Du willst schwerelos und nicht allein sein. Es ist wie ein Dammbruch, sagst du. Ich verstehe gar nichts und nicke stumm. Ich bin naiv. Du nicht. Ich kralle mich mit nackten Zehen fest in den weichen Boden. Du stockst, knickst ein und den kleinen Ast ab. Hier im Wald ist es dunkelgrün und es riecht nach neuer Lust und altem Trott. Jeder Anfang ist ein Abschied, sage ich. Du schaust mich an, verstehst gar nichts und nickst stumm. Unter dem Blätterdach knistert´s und rauscht´s. Wir sind zwei unter vielen. Wir spazieren im Hier und Jetzt. Das war. Du warst. Ich war. Wir waren. Und nun sind wir entzweit. Ich schreibe im Vorbei und Wirdnicht-mehr. Die Verlorengegangenheit liegt zuckend im Matsch.

IV. Kleinmut

Russischer Winter. Kantige Gitarrenklänge. Elektronische Melodien. Morbides Stimmengewirr. Wodka und Schlittenhunde. Fettige Haare und Kummer. Schlaflose Nacht im Sternschnuppenregen. Daumenlutschen und Festhalten. Wünsche wabern warm in einer Wärmflasche. Feuchte Träume heulen wie Wölfe im Mondschein. All und ein. Allein. Mit nasser Hose stehe ich auf. Ich muss in den Spiegel sehen. Hallo? Bin ich noch da? Ist mein Selbst noch sicher? Ist es stabil? Mal ja, mal nein, sagst du kaum hörbar und lässt dich von dem jungen Pfleger ans Bett fixieren. Du hast Angst. Du hast Wut. Du hast Liebe. Du hast Hass. Du bist gefesselt und kotzt deine Kränkung in die Nierenschale.

Du hältst die Luft an und die Gedanken auf. Du schwörst auf braune Bierflaschenhälse und grüne Männchen. Du fieberst dem Leben entgegen und strauchelst im Alltag. Du hoffst auf eine Umarmung und erbrichst deine Einsamkeit. Keiner hat dich vor dem Leben gewarnt. Das nimmst du keinem übel und fällst in Ohnmacht. Einfach so.

Ich wache an deinem Bett. Ich bin die Sitzwache, die ich selbst nie hatte. Ich passe auf dich auf. Und wenn du die Augen öffnest und Doppelbilder siehst, dann halte und streichle ich deine Hand. Wenn du willst, ziehe ich dir sogar eine große Portion Trost aus dem Automaten. Oder ich bestelle dir ein bisschen Wohlgefühl im Pappkarton. Ich kann dir aber auch beschwichtigende Geschichten erzählen und meinen Kopf auf deine Schulter legen. Einfach so.

Dabei weiß ich genau, dass dein Herz ein gekränktes ist. Ein gekränktes, kleines Herz. Kränkherzig. Herzschmerzig. Weltschmerz in einer Schmerzwelt.

Du hast, du bist, du kannst … nichts, nichts, nichts.

Du willst, du sollst, du musst … alles, alles, alles.

Du lässt, du knickst, du brichst … los, ein, ab. Absurd.

Muster. Mustergültig. Meine Muster sind nicht mehr gültig. Kann sie nicht mehr einlösen und frei durchs Land fahren. Menschen sehen mich verständnislos an, drehen und wenden meinen Fahrschein in ihren Händen. Sie fragen mich allesamt: Wo willst du denn nur hin mein Kind? Ich verstehe sie nicht. Sie verstehen mich nicht. Ich bin aus der Zeit und dieses Blatt Papier ist mir aus der Hand gefallen. Ich lasse es liegen. Es fliegt davon. Eine Luftwoge hebt es in die Höhe, tänzelt mit ihm und trägt es fort. Ich renne, falle, liege auf kaltem Stein.

Das ist vielleicht ein bisschen unvernünftig. Aber dann drückt ein Fuß gegen meine Schulter, eine raue Stimme bricht, eine Hand zögert und berührt mich doch. Ich schlafe wach und wache im Schlaf, spreche von Einsichten, die gestern noch wie Kraniche durch den Himmel meiner inneren Welt zogen. Doch heute, ja, heute fliege ich in einer Kapsel durch die Gegenwart. Eingehüllt in einem Stahlmantel aus Sehnsucht und Schweigen. Abgeschottet von allem, was laut und außen ist. Ich lebe in einer Blase, einer Illusion, einem Traum.

Der junge Pfleger tippt mit seinen schlanken, rosigen Fingern auf meine Schulter, bedeutet mir wortlos, dass ich den Raum und dich verlassen soll. Ich gehe und singe:

Muskelschmerz und Apfelbaum. Depression und Rosenkrieg. Kalter Hund und Feldsalat. Neuer Grund. Attentat. Gewittersturm und Nelken. Überfunktion und Störung. Sozialer Vergleich und Eitelkeit. Lavendelduft und alte Frauen. Kohlrabenschwarz. Abgehauen. Im Vertrauen. Auf mich bauen. Mich um- und abnutzen. Verdrehen. Verstehen. Fragend in den Morgen blicken. Hoffend auf den Abend schauen. Müde und vergessen in die Nacht gezogen. Betrogen.

Gib mir Zeit zum Atmen. Gib mir Zeit zum Denken.

Lass mich los. Halt mich fest. Gib mir Raum und den Rest. Zieh mich hoch. Lass mich fallen. Vertrauen widerhallen.

Im dunklen Stollen will ich stehen. Mit rundem Rücken. Mit schwarzen Händen nach dem Gestern suchen. Mit Akribie nach dem Nichtmehr forschen und nach dem Vielleicht ein Sicher finden. Originalverpackt und eingeschweißt. Ganz neu.

Für mich. Von dir.

Missverständnisse im Morgengrauen. Ein Anschlag auf das Urvertrauen. Dennoch: Auf leichtem Fuße zu dir gewandert. Quer durch die Felder. An dem morschen Jägerstand vorbei. Tief hinein in die dunkelrote Abendsonne. Das schwere Gelb machte mich ganz trunken und die Vorfreude blendete grell.

V. Schwermut

Noch einmal das Gleiche, bitte! Ich habe es einfach noch nicht begriffen, dieses L-E-B-E-N. Ich brauche noch eins, vielleicht klappt es ja dann. Wer weiß. Jetzt gerade geht gar nichts mehr. Zu viel Alkohol. Zu vieles, was besänftigt werden will. Zu viel Verdruss. Zu viel Ablehnung und Schmerz. Zu intensiv, dieses L-E-B-E-N. Es ist versäumt, vertan, vermurkst. Aus einem Alkoholikerinnen-Tagebuch habe ich dir vorgelesen. Darin schrieb die Trinkerin: Ich trinke, trinke, trinke. Nuckle an Brüsten und Flaschen, sauge an Nippeln und Halmen. Ich säuge mich. Ich bin ein Säugetier. In der Hierarchie ganz unten und ich will nicht aufhören, ein Tier zu sein. Ich sauge und sauge und trinke und trinke und vermisse und vermisse.

Dich, dich, dich. Animalisch. Menschlich.

Kaputt.

Autorenvita: Verena Scherling

Verena Scherling, Jahrgang 1975, schreibt Emotionales, Verqueres, Abstraktes. Sie ist Diplom-Sozialpädagogin, liebt Hunde, lange Touren mit der Leeze, Auszeiten im Kloster und Regen. Ihre Wurzeln hat sie in Münster (Westfalen) geschlagen. Bisherige Textveröffentlichung: 'Manöverkritik' in "So stark bin ich!", Geest-Verlag, Vechta 2018

Roland Schwarz

Margaret Atwood,
Vaclav Havel und die Gabe der Vergebung:
Die Erzählung des verschmähten Englischlehrers

„Das Bewusstsein geht dem Sein voraus und nicht andersrum, wie es die Marxisten behaupten".

(Vaclav Havel in seiner Rede vor dem amerikanischen Kongress am 21. Februar 1990)

Das Jahr 1989 war ein Wendejahr für Europa, Politiker heutzutage sprechen gerne vom Siegeszug der Demokratie. Tausende Menschen demonstrierten in den Straßen Warschaus, Budapests und Berlins, in den baltischen Staaten formte sich gar eine 600 Kilometer lange Menschenmenge, um Freiheit und Rechtsstaatlichkeit einzufordern. Die Berliner Mauer fällt, die Ungarn zerschneiden den Eisernen Vorhang und in der Tschechoslowakei demonstriert man tagelang, bis die kommunistische Führung schließlich zurücktritt. Aus dieser samtenen Revolution ging ein Dissident und Poet, der bekannt für seine absurden Theaterstücke war, als Präsident hervor: Vaclav Havel.

Auch unsere Geschichte beginnt genau in diesem Jahr. Honza, der in der böhmischen Kleinstadt T... geboren und aufgewachsen war, zog in die Hauptstadt Prag, um dort Literaturwissenschaft zu inskribieren. Nach der Wende fielen die Amerikaner wie Heuschrecken in der goldenen Stadt ein, also war es nicht schwer, Lektoren für anglophone Literatur zu finden. Diese sollte die Leidenschaft des jungen Mannes werden.

Es war überhaupt eine recht intensive tschechisch-amerikanische Phase, so lud man den neu-gewählten Präsidenten nach Washington, um vor dem Kongress eine Rede zu halten. Dieser Einladung folgte der Dramatiker und Philosoph gerne und schenkte dem amerikanischen Publikum eine flammende Rede, die dutzende Male mit Standing Ovations unterbrochen wurde, bisweilen nach so schönen Sätzen wie dem eingangs zitierten. Die Leute waren verblüfft, verwirrt und vor allem begeistert. Einen Politiker, der so komplizierte Gedanken äußern kann, schickt der Himmel. Es zeigt auch, dass große Schriftsteller in bedeutungsvollen Zeiten Großes bewirken können.

Alles befand sich in Aufbruchstimmung, eine Goldgräbermentalität machte sich breit, die ganze Tschechoslowakei war wie das restliche Osteuropa mitten in der Transformation zu Wohlstand, Frieden und Demokratie. Auch Honza spürte diesen enormen Optimismus, das freie Denken und den intellektuellen Diskurs. Er studierte fleißig uns sah seiner Zukunft sorglos entgegen. Bis man 1992 die Unterlagen der Staatssicherheit öffentlich machte, welche über 200 000 Namen von Spitzeln enthielt.

Die Geheimdienste funktionierten in allen kommunistischen Ländern nach dem gleichen Muster: Tausende Spitzel hörten ihre Nachbarn und Familien aus, oppositionelles Denken war verboten, die Medien unterlagen einer strengen Zensur, Intellektuelle wurden diffamiert und eingesperrt, alle Staatsbürger wurden überwacht, kontrolliert und bei Verstoß gegen die Norm bestraft. Ein gutes Beispiel liefert in literarischer Form der tschechische Romancier Milan Kundera in seinem ersten Roman Der Scherz, wo sich ein Student einen einzigen Scherz über die Kommunisten erlaubt und dann die nächsten Jahre in der Kohlegrube schuften muss. Es war eine Zeit, in welcher der beste Freund und der eigene Bruder die größten Feinde sein konnten.

So enthüllten die öffentlich gemachten Spitzellisten auch den Namen von Honzas Vater. Und nachdem es der einzige Name eines Einwohners der kleinen Stadt T... war, wussten die restlichen Stadtbewohner, wer ihre Freunde und Verwandten damals wohl der Geheimpolizei ausgeliefert hatte.

Für Banalitäten. Honza selbst erinnerte sich nur dunkel daran, dass er einmal, er war noch ein Junge, seinen Vater ins Telefon flüstern hörte, ihr Nachbar Herr J. höre Radio Europa, die Radiostation des Feindes und der Freidenker. Als derselbe Herr J. am nächsten Tag von der Polizei abgeholt wurde, wollte Honza seinen Vater zwar zur Rede stellen, doch der alte Herr war mürrisch, herrisch und cholerisch veranlagt, also ließ er es sein.

Nun, 1994, ein Jahr nach der samtenen Revolution und einige Monate nach dem Tod seiner Mutter, kehrte Honza als Jungakademiker schließlich nach T... zurück, um eine Stelle als Englischlehrer anzunehmen. Sein Vater war bereits 1991 verstorben, somit bezog er das ererbte elterliche Haus im Zentrum der Stadt. Eine Rückkehr von der Großstadt in den ländlichen Raum, vom Kosmopoliten ins dörfliche Umfeld, von der Hektik zur Entschleunigung, zurück zu den Wurzeln, in die Heimat. Jedoch, es sollte nicht so werden. Manche Dorfbewohner hatten die Gräueltaten des Vaters nicht vergessen, so wachte Honza eines Tages auf und sah Tomaten an seinen Fenstern kleben, ein anderes Mal war sein Auto zerkratzt, und auf dem Wochenmarkt verweigerte man ihm bisweilen den Kauf von frischem Gemüse. Auch in der Schule spürte er die Ressentiments, manche seiner Kollegen ignorierten ihn, manche Schüler, von ihren Eltern wohl indoktriniert, brachten Hausübungen nicht, störten die Stunde, missbilligten all seine didaktischen Bemühungen mit zornigen Blicken.

Der Jungpädagoge war verzweifelt, hatte schlaflose Nächte, sinnierte über die Frage, ob es nur die gerechte Strafe sei, dass er für die Sünden seines Vaters, die er als Junge geflissentlich ignorierte, büßen solle. Aber er liebte seinen Heimatort, liebte auch das Unterrichten, und so kam ihm – wie so oft in seinem Leben – Hilfe von literarischer Seite. Die kanadische Schriftstellerin Margaret Atwood schrieb Mitte der 1980 Jahre, in einer Zeit als in der Tschechoslowakei solche Bücher nicht gelesen werden durften, den Roman The Handmaid's Tale (auf Deutsch: Die Erzählung der Magd), eine Dystopie über einen Überwachungsstaat namens Gilead im heutigen Amerika.

Die titelgebende Magd ist eine Zwangskonkubine, die monatlich ihrem Herrn zum Beischlaf zugeführt wird. Der lustlose Akt hat nur einen Zweck: Kinder zu gebären und die Gesellschaft zu erhalten. Dieser Erzählstrang hat natürlich nichts mit kommunistischen Regimen zu tun, aber die Beschreibung der totalen Überwachung, der starren gesellschaftlichen Strukturen und der Macht des Polizeiapparates umso mehr. Diesen Roman gab Honza also seinen Schülern zu lesen auf, übersetze mit ihnen zum besseren Verständnis sogar Teile auf Tschechisch, und – obwohl manche Querulanten so wie stets seine Stunden ablehnten – entwickelten die meisten ein gewisses Interesse, eine Neugier, eine Faszination mit dieser kranken Dystopie, in der Frauen auf Gebärmaschinen reduziert werden.

Honza nutzte die Romanbesprechungen, um ganz allgemein über totalitäre Systeme zu sprechen, über die totale Überwachung, über die Angst der Bürger, etwas Falsches zu tun, über die Bereitschaft, aufgrund dieser Angst dem Staat als Spitzel zu dienen, über Gehirnwäsche, über dunkle Geheimnisse, über seine Scham über einen Vater, der Leid über andere brachte, um seine eigene Familie zu schützen. Und er trug den Schülern auf, vor allem das letzte Kapitel aufmerksam zu lesen: Lange nachdem der Gilead-Horror ein Ende fand, sitzen eine Gruppe hehrer Historiker über den Erzählungen der Magd, eines der wenigen Dokumente über diese totalitäre Hölle, das gerettet werden konnte und somit zum besseren Verständnis beiträgt. Die Historiker sind sich bewusst, dass ihr Wissen über diese Zeit fragmenthaft bleibt, dass sie die genauen Motive und Gesinnungen der Gesellschaft nicht genau deuten können, und dass man aus rückblickender Perspektive niemals mit dem erhobenen Zeigefinger ein moralisches Urteil fällen sollte. Verstehen, ja, lernen, ja, aber kein Scherbengericht veranstalten, das hieße ja nur, man habe aus der Geschichte nichts gelernt. Und er beendete die letzte Stunde, die sich dem Roman und seinen Themen widmete, mit dem schönsten Zitat des geliebten Vaclav Havel, das er einst den Demonstranten auf dem Wenzelsplatz im November 1989 zugerufen hatte: „Die Wahrheit und die Liebe müssen über Lüge und Hass siegen!"

Und siehe da, es zeigte Wirkung. Irgendwie verstanden die Schüler. Irgendwie wurde ihnen bewusst, dass jener Mann, der ihnen die Liebe zum anglophonen Kulturraum Tag für Tag näherbringen wollte, nicht jener Mann war, der einst ihre Eltern und Großeltern denunziert hatte. Sie spürten den Schmerz des jungen Pädagogen, seine Scham, und seinen unbedingten Willen, sich von der Vergangenheit seiner Familie zu lösen und in die Zukunft zu schauen. Sie respektierten sein Bemühen und sie fanden Gefallen an der Literatur, sowohl der amerikanischen als auch der tschechischen, und daran, dass sie nun in einem Land lebten, wo jedes Buch gelesen werden durfte. Diese Empathie und Vergebung breitete sich allmählich auch unter seinen ihm missgesonnenen Kollegen aus, auch manche Eltern schlugen nun einen freundlicheren Ton an. Ja, es schien, als breitete sich diese Welle der Vergebung vom Klassenzimmer im ganzen Ort aus.

Gegen Ende des ersten Schuljahres, als der junge Anglist in der Nachmittagssonne nach Hause schlenderte, gesellte sich Klara, die Nichte des einst von der Geheimpolizei abgeholten Nachbarn zu ihm. Jene Klara, die ihn bisher verschmäht hatte, ihm böse Blicke zugeworfen und einmal am Anfang des Schuljahres mitten auf dem Bauernmarkt als Kollaborateur beschimpft hatte. Jene Klara, die nun alleine im Haus ihres Onkels wohnte und an die er manchmal dachte, deren Gunst und Vergebung er am meisten begehrte. Nun, so schien es, mithilfe seiner Schüler, der Lektüre von Atwood und Havel, und viel gutem Willen und Optimismus, hatte er sein Ziel erreicht. Er war in seinem Heimatort wieder willkommen.

Wir verlassen diese schöne Szene hier und lassen die beiden in Ruhe nach Hause spazieren. Und wir beschließen diese Episode mit einer wichtigen Erkenntnis. Die Erkenntnis, dass Zorn uns lehren kann, anderen zu vergeben, dass Leid uns lehren kann, Mitgefühl auszudrücken, und dass Angst und Furcht uns lehren können, Freiheit, Geborgenheit und Eintracht zu schätzen und zu bewahren.

Und dies zu vermitteln, das ist die erhabene und hehre Aufgabe großer Literatur.

(inspiriert und geschrieben anlässlich des 30. Jubiläumsjahres der „samtenen Revolution")

Autorenvita Roland Schwarz

Roland Schwarz, geboren am Valentinstag des Jahres 1979 in Wels (Oberösterreich), ist Lehrer für Englisch, Geographie und Deutsch als Zweitsprache. Er studierte in Graz, Oxford und Ljubljana und das Weltenbummler-Leben ist ihm nach dem Studium geblieben. Er lehrte in den USA, längere Zeit in Oberösterreich und momentan an der österreichischen Schule in Prag. Seine große Leidenschaft sind die Klassiker der Weltliteratur und es ist ihm ein Anliegen, diese Leidenschaft an möglichst viele Menschen weiterzugeben.

Michael Longerich

Der Spiegel

Irgendwie hatte es sich ergeben.

Damals, als die Kinder noch zu Hause wohnten, gingen Beate und Philipp am Wochenende mit ihnen in ein Museum oder zu einem Konzert. Sie waren sich darin einig, den Kindern etwas mitgeben zu wollen. „Kultur gehört zum Leben", wie Beate es einmal sagte, als die Kinder protestierten, dass sie schon wieder ein Museum besuchen mussten.

Jetzt hatten die drei schon lange ihre eigenen Familien, die Enkelkinder studierten. Philipp und Beate aber gingen immer noch an den Wochenenden ins Museum.

Heute wollten sie in das Museum für Kunst und Gewerbe. Beate hatte es vorgeschlagen. „Da waren wir schon lange nicht mehr. Wir können die U-Bahn zum Hauptbahnhof nehmen." Das Museum lag nur wenige Meter neben dem Hauptbahnhof, zu Fuß leicht zu erreichen. Philipp machte das Gehen zunehmend Schwierigkeiten, sie hatte es wohl bemerkt.

Seit einiger Zeit benutzte er einen Stock, dadurch wirkte er noch gebeugter als zuvor. Wie eingeschrumpft, dachte Beate.

Lange hielten sie sich nicht in den Ausstellungen auf, die sie sonntags besuchten. Wichtig war, dass sie aus dem Haus kamen, um dann im Museumsrestaurant ihr Mittagessen einnehmen zu können. Auf dem Weg zur Destille, dem Restaurant des Museums, sahen sie eine Schrift an der Wand, über den dort aufgehängten Plakaten: jugendstil – die große utopie, stand da.

„Ich möchte nachher noch in die Jugendstilabteilung", sagte Philipp unvermittelt, während sie sich im Restaurant niederließen.

Über der Kasse hingen ein paar Jugendstillampen. Auch der Kassenapparat und der Kleiderständer am Eingang waren aus dieser Zeit. Beate und Philipp setzten sich nebeneinander auf eine Bank, die durchgehend auf der einen Seite des Restaurants angebracht war. Hinter ihnen waren Spiegel an der Wand. Von ihrem Platz aus konnten sie die gegenüberliegende Wand sehen, vor der ebenfalls Bänke standen, Tische und Stühle davor, Spiegel dahinter. Ohne sich direkt anzuschauen, sahen die beiden einander. Weit entfernt und ganz klein in den Spiegeln auf der gegenüberliegenden Seite. Es war fast so, als verschwänden sie in den Spiegeln.

Beate aß zupackend, mit großem Appetit. So, als wollte sie die Appetitlosigkeit Philipps ausgleichen. Er hatte schon am Morgen gesagt, dass er keinen großen Hunger habe.

Er ist jetzt wirklich alt geworden, dachte Beate, als sie ihm Rotwein und sich Weißwein einschenkte. Seine Hand zitterte, als er das Glas an den Mund führte. Sein schlohweißes Haar ließ an einen Altersunterschied zwischen den beiden glauben, obwohl sie doch gleichaltrig waren. Jahrgang 1931.

„Woran denkst du?", fragte Beate, obwohl sie eigentlich nicht hätte fragen müssen. Sie kannte die Antwort, wollte das Spiel jedoch so gerne wieder spielen.

Philipp kaute bedächtig, nahm einen Schluck Wein und sah sie an.

„Neunzehnhundertzweiundfünfzig", sagte er.

„Oktober neunzehnhundertzweiundfünfzig", ergänzte Beate.

„Endlich war er nach Hamburg gekommen, unser Idol", fuhr Philipp fort.

„Sein Auftritt vor siebentausend Zuschauern."

„Und wir mittendrin."

„Grab your coat, grab your hat, baby", fing Beate an.

Philipp antwortete: "Leave your worries on the doorstep."

Sofort darauf Beate: "Just direct your feet." Und wieder Philipp: "On the sunny side of the street."

Sie schauten sich lange in die Augen und schwiegen.

Beate nahm als erste den Faden wieder auf. „Wir wohnten ja noch bei unseren Eltern."

„Deine Eltern waren verreist, also gingen wir nach dem Konzert zu dir."

„Neun Monate später wurde Martin geboren." Während Beate das sagte, nahm sie Philipps Hand und drückte sie.

„Und das alles wegen Louis Armstrong", sagte er.

„Life can be so sweet on the sunny side of the street."

„Dann kam Katharina", sagte Philipp.

„Und 1963 waren wir komplett. Eva." Beate lachte: "9 Monate nach dem Beatles-Konzert. Love, love me do, you know I love you. I'll always be true, so please love me do."

Philipp schwieg. Er hatte es Beate sagen wollen, konnte es aber nicht. Nicht nach diesen Erinnerungen. Seit einiger Zeit war da dieses Gefühl, dass er nicht mehr lange zu leben hatte.

Philipp sah Beate an. „Ich kann nicht mehr essen. Iss du mal weiter. Ich gehe kurz in die Jugendstilabteilung. Da gibt es Möbel wie damals zu Hause, als ich noch ein Kind war."

Langsam bewegte sich Philipp durch die Räume. Die Gegenstände hier, dachte er, sind älter als ich. Sie werden noch Bestand haben, wenn ich nicht mehr bin.

In einer Vitrine entdeckte er einen Standspiegel aus Silber. Philipp sah einen Mann, der den Spiegel in die Höhe hielt. Er trat näher und bückte sich ein wenig, um den Spiegel besser betrachten zu können.

Die Spiegelseite spiegelte sich in einem Spiegel, der die hintere Seite der Vitrine bildete. Auf der Rückseite des Spiegels, auf der Seite, die dem Betrachter zugewandt war, war eine nackte Frau abgebildet, die an einem See lag. Die langen Haare der Frau gingen fließend in die Berge über, die im Hintergrund angedeutet waren. Neben der Frau spielten zwei Engel. Über dem See schwebte ein weiterer Engel, der einen Bogen in seinen Händen hielt. Oder war es ein Amor? Der Pfeil war nicht zu sehen. Er war wohl gerade abgeschossen worden. Auf wen?

Die Spiegelscheibe wurde von einem nackten jungen Mann gehalten, das hatte Philipp schon gesehen. Er hielt die Scheibe wie eine Weltkugel in die Höhe und blickte nach oben, auf die Frau am See.

Ist das unser See?, dachte Philipp. Damals, als er und Beate sich kennengelernt hatten und jeweils noch bei ihren Eltern zu Hause wohnten, trafen sie sich häufig am See. Sie fuhren mit den Rädern aus der Stadt, badeten und liebten sich.

Philipp konnte sich von dem Spiegel nicht losreißen. Die langen Haare der Frau, die ihren Körper umflossen, ihre Brüste. Die drei Engel. Sind das unsere Kinder? Jetzt haben sie schon lange selbst Kinder, die auch schon erwachsen sind und die bald selbst Kinder bekommen werden.

Philipp blickte wieder auf die Frau. Verlangend. Wie war das damals, als sie am See miteinander gevögelt haben? Ob Beate sich noch daran erinnerte?

Ich kann sie ja fragen.

Philipp bewegte sich nicht von der Stelle, ganz unverwandt schaute er die Frau an, dann wieder den Mann, danach die Frau. War es das Verlangen nach Vergangenheit, nach der gemeinsamen Vergangenheit, das ihn anzog?

Ewige Liebe schworen wir uns, dachte Philipp. Wo ist sie hin, die ewige Liebe? Verschwunden in einer Zukunft, die jetzt Vergangenheit ist.

Als Philipp nach einer halben Stunde nicht zurückgekommen war, wurde Beate unruhig. Sie zahlte und machte sich in Richtung Jugendstilabteilung auf. Sie ging durch alle Räume, konnte ihn aber nicht entdecken.

Danach fing Beate noch einmal von vorne an. „Philipp, wo bist du?", fragte sie in jeden Raum hinein, bevor sie ihn betrat. „Haben Sie meinen Mann gesehen?", fragte sie jede Aufsicht, die sie sehen konnte.

„Du kannst mich doch nicht allein lassen, Philipp. Wo bist du denn?"

Sie hatte nicht gezählt, wie oft sie durch die Ausstellungsräume gegangen war. In einem der Räume blickte sie wie zufällig auf den Standspiegel, vor dem Philipp so lange verweilt hatte.

Beate fühlte sich davon angezogen. Sie ging näher und betrachtete den Spiegel. Erst die nackte Frau am See. Ihr Gesicht war irgendwie merkwürdig verschwommen. Dann den jungen Mann. Das Gesicht kam ihr bekannt vor.

Beate holte ihre Brille aus der Handtasche, setzte sie auf und ging in die Hocke, sodass sie auf gleicher Höhe mit dem Bildnis des nackten jungen Mannes war. Das konnte doch nicht sein. Sie nahm die Brille ab, putzte sie und blickte wieder hin. Der junge Mann trug Philipps Gesichtszüge. Die Gesichtszüge des jungen Philipp.

So hat er früher ausgesehen, mein Philipp, dachte Beate. In welche Richtung blickt er? Er sieht mich an. Nein, nicht mich, die Frau am See sieht er an.

Je intensiver Beate die Frau betrachtete, desto klarer, deutlicher wurden ihre Gesichtszüge. Zuletzt sah Beate sich selbst, wie in einem Spiegel. Wie bei Philipp war es nicht die 87-jährige Beate, sondern die junge Beate, die verträumt in die Luft blickte, wohl wissend, dass der junge Mann, Philipp, ihren nackten Körper betrachtete.

Sie blickte wieder auf Philipps Gestalt. Lange. Zugleich wurde ihr eigenes Bild immer deutlicher.

Wie damals, Philipp. Als wir uns ewige Liebe schworen. Haben wir uns damals vorgestellt, dass wir einmal alt und ohne Zukunft sein würden?

Leise sang sie vor sich hin. „Love, love me do, you know I love you. I'll always be true, so please love me do." Und danach die andere, ältere Melodie. „Life can be so sweet on the sunny side of the street."

Jetzt wusste sie es. Beate kannte ihre Zukunft.

Philipp, ich liebe dich. Ich werde dich immer lieben. Wir werden uns nie verlassen.

Als das Museum am Abend schloss, hingen in der Garderobe zwei schwarze Mäntel älteren Datums. Am selben Haken, ganz eng aneinander. Niemand wusste, wem sie gehörten.

Autorenvita: Michael Longerich

Michael Longerich, geboren 1959 in Freiburg im Breisgau. Studium Geschichte, Politikwissenschaft und Germanistik. Dr. phil. (Politikwissenschaft). Seit 1989 wohnhaft in Tønder, Dänemark. Gymnasiallehrer. Seit 2013 schriftstellerisch tätig (Kurzgeschichten, ein Roman).

Bisherige Veröffentlichungen u.a. - Der Blockwart, in: DUM 81, März 2017. - Herbert, der Baske, in: Ruhrpoeten, Bisschen politisch mal werden, Klartext Verlag, 2018. - Immer wieder. Roman, Kid Verlag, 2018.

Simone Alber

Das U-Boot

Tief unten auf dem Meeresgrund lag ein U-Boot. Darin lebten Martas Träume. Es war stickig in dem U-Boot und so eng, dass es fast nicht auszuhalten war. Die Träume gingen sich gegenseitig auf die Nerven mit ihren aufdringlichen Gerüchen, ihrem Geschrei, ihren grellen Farben und ihrer Selbstverliebtheit. Es gab nur eine Möglichkeit, dem U-Boot dauerhaft zu entkommen: Sie mussten nach dem Aufwachen in Martas Erinnerung bleiben. Bisher war das noch keinem der Träume gelungen.

Jede Nacht konnte einer von ihnen das U-Boot verlassen, um von Marta geträumt zu werden. Und jeden Abend gab es Streit. Die Träume drängelten, schoben sich gegenseitig von der Ausstiegsluke weg und keiften sich an, bis einer sich durchgesetzt hatte.

Doch Morgen für Morgen huschte der gerade noch so siegessichere Gewinner niedergeschlagen und beschämt zurück ins U-Boot und verkroch sich still in seine Koje, gefolgt von den hämischen Blicken der anderen.

Marta ahnte nichts von der Existenz dieses U-Boots, und auch über die Träume wusste sie nichts.

Marta hielt nicht viel von Träumen. Sie fand das Leben schon tagsüber anstrengend genug. Sie hatte einen ausufernden Beruf, zwei pubertierende Söhne, eine schwierige Mutter und eine Hausstauballergie.

Die Träume jedoch wussten alles über Marta. Sie hatten schließlich alle mindestens eine Nacht mit ihr verbracht.

Und jeder einzelne von ihnen war davon überzeugt, dass gerade er auch tagsüber Anspruch auf Martas Leben hatte.

Am Sonntagabend drängte sich der Hasentraum nach vorn. „Heute bin ich mal wieder dran!", behauptete er und schob die Meerschweinchenträume beiseite, die schon in den letzten beiden Nächten erfolglos gewesen waren.

Wie jeden Abend, wenn Marta zu Bett ging, näherte sich das U-Boot der Oberfläche.

Der Hasentraum schlüpfte, unter den missgünstigen Blicken der anderen, durch die enge Einstiegsluke direkt in Martas Schlafzimmer. Marta lag schon im Bett. Möglichst weit von ihrem Mann entfernt hatte sie sich am äußersten Rand des breiten Ehebetts zusammengerollt. Mit ihrem nächsten tiefen Atemzug ließ sich der Hasentraum durch ihr Nasenloch in ihren Kopf saugen.

Sorgfältig breitete er seine Szenerien in allen Nischen des schlafenden Gehirns aus. Er hauchte seinen spezifischen Hasenuringestank in Martas Riechzentrum, zupfte an ihrem Hörnerv, so dass Klopf- und Scharrgeräusche entstanden, wischte mit einem Büschel Fell über die sensiblen Areale der Großhirnrinde und löste im limbischen System „Ekel" und „schlechtes Gewissen" aus. Er kannte sich aus, denn er war schon öfter dagewesen.

Heute stellte er Marta einen Stall voller kranker, abgemagerter Hasen in ihr ehemaliges Kinderzimmer. Sie vegetierten in ihren eigenen Exkrementen dahin und hatten seit Martas Auszug aus ihrem Elternhaus weder Futter noch Wasser bekommen. Immerhin brachte der Hasentraum Marta dazu, in die Küche zu gehen um Karotten zu suchen. Wenn sie sich jetzt um die verwahrlosten Tiere kümmern würde, wenn sie den Stall ausputzen würde, wenn sie frische Streu beschaffen würde! Dann würde sie sich doch morgen sicher an ihn erinnern können.

Schon öffnete sie das Gemüsefach des Kühlschranks und griff nach den Karotten, da machte ein durchdringendes Piepen dem ganzen Traum ein Ende. Marta schlug die Augen auf, und der Hasentraum wurde mit dem nächsten Atemzug aus ihrem Kopf geschleudert und landete ohne Verzögerung im U-Boot. Auch diesmal wieder!

Marta aber stellte den piependen Wecker aus und tastete nach dem Lichtschalter. Kurz wunderte sie sich noch über den leichten Geruch nach Stall, der in der Luft lag. Aber dafür machte sie fälschlicherweise die Verdauungsbeschwerden ihres Mannes verantwortlich.

Dann stand sie auf, öffnete das Fenster, duschte, weckte ihre Kinder, machte Frühstück und holte die Zeitung aus dem Briefkasten. Es war schließlich Montag.

Und wie jeden Montag war der Kühlschrank leer, der Wäschekorb voll, und der Wochenberg ragte riesig und grau vor ihr auf. Und wie jeden Montag riss sie sich zusammen und begann mit dem Aufstieg.

Am nächsten Abend machte sich der Terroristentraum bereit. Mit ihm wagte niemand zu diskutieren – das hätte zu einem Blutbad an Bord des U-Boots geführt. Die anderen Träume drückten sich ängstlich in die Ecken, während der Terroristentraum sein Maschinengewehr lud, seine Messer in den Gürtel steckte und den Würgehandschuh anzog. Sie wichen zur Seite, als er sich die Strumpfmaske über den Kopf zog und zur Ausstiegsluke stürmte.

Aber sein Hass war so groß, dass er nicht warten konnte, bis Marta richtig eingeschlafen war. Er wollte sich mit Gewalt Zugang zu ihrem Kopf zu verschafften. Dadurch erschreckte er sie so sehr, dass sie hellwach hochfuhr. Lange Zeit saß sie mit weit aufgerissenen Augen starr im Dunkeln. Dann endlich drehte sie sich auf die Seite, und ihre Atemzüge wurden tiefer. Aber jedes Mal, wenn der Terroristentraum versuchte, sich ihr wieder zu nähern, riss sie entsetzt die Augen auf.

So sehr er sich auch bemühte, leise und unauffällig zu sein – er hatte in dieser Nacht seine Chance verspielt.

Marta jedoch lag mit klopfendem Herzen in ihrem Bett und dachte an den nächsten Tag. Ein langer und anstrengender Dienstag stand ihr bevor. Wie sollte sie das schaffen, ohne zu schlafen? Aber wie sollte sie auch schlafen, wenn ihr Mann so schnarchte! Völlig ungerührt von Martas Problemen lag er entspannt auf seiner Seite des Bettes und gab bei jedem Ausatmen ein lautes Prusten von sich. Marta wünschte sich einen anderen Mann. Einen, der sie einfühlsam in seinen Armen hielt. Oder wenigstens einen, der geräuschlos schlafen konnte.

Der Dienstag war zäh und mühsam. Noch 10 Stunden, dachte Marta um 11 Uhr am Vormittag, als sie das unterste Fach des Kopierers öffnete und an den Arbeitsblättern zerrte, die einen Papierstau verursacht hatten.

Noch 5 Stunden dachte sie um 4 Uhr am Nachmittag, als sie die Wäsche abhängte und versuchte, in dem Haufen fast gleich aussehender Socken einigermaßen passende Paare zu finden.

Abends kochte sie eine Kürbissuppe, die sie wortlos auf den Tisch stellte, und die ihre Familie kommentarlos verzehrte. Nach dem Essen verschwanden die Söhne mit ihren Handys in ihren Zimmern, und sie ließ ihren Mann mit dem schmutzigen Geschirr allein und ging ins Bad, um sich die Zähne zu putzen.

„Was ist eigentlich mit dir los?", fragte ihr Mann sie später. „Nichts.", sagte sie, stopfte sich Ohropax in die Ohren und machte das Licht aus.

„Ist ja klar, dass sie euch vergisst, so brachial, wie ihr auftretet!", behauptete der Fluss-Traum am Dienstagabend. „Lasst mich heute mal zu ihr, und ihr werdet sehen, dass man mit sanfter Geduld und wilden Wellen mehr erreichen kann!", sagte er und strömte aus der Einstiegsluke direkt in Martas Nasenloch.

Er breitete sich aus in seiner ganzen Länge, von der Quelle unter einem Stein auf einer Bergwiese, bis zur Mündung in den blauen Ozean. Er präsentierte ihr seine reißende Strömung, seine Mäander und seine tiefen, stillen Becken. An seinem Ufer stellte er einen Felsen auf, von dem Marta springen konnte. Daneben formte er eine sandige Bucht zum Ausruhen. Er stellte ihr eine Luftmatratze und einen wirklich hübschen Badeanzug zur Verfügung.

Aber der Flusstraum wurde jäh unterbrochen. Marta erwachte mitten in der Nacht und stand auf, um zur Toilette zu gehen. Der nasse Badeanzug und das Rauschen des Wassers hatten wohl ihre Blase gereizt.

Beleidigt zog sich der Fluss-Traum ins U-Boot zurück.

Der Mittwoch unterschied sich in nichts von allen anderen Mittwochen, die Marta in diesem Jahr schon hinter sich gebracht hatte. Am Nachmittag kam sie von der Arbeit nach Hause, schloss die Haustür auf und holte die Post aus dem Briefkasten. Eine Mahnung von der Stadtbücherei und ein Flyer vom Pizza-Service. Im grellen Licht des Fahrstuhls betrachtete sie ihr Spiegelbild. Sie starrte auf die Falten unter ihren Augen. Sie war wieder eine Woche älter geworden.

Die Woche nahm ihren Lauf, und weder der Eisbärentraum vom Mittwoch, noch der Küss-den-Zahnarzt-Traum, der am Donnerstag sein Glück versuchte, hinterließen eine Spur in Martas Erinnerung.

Am Freitagnachmittag putzte Marta die Küche. Sie wischte die Brösel aus der Besteckschublade und fragte sich, wie die da reingekommen waren. S i e jedenfalls machte die Schublade immer zu, b e v o r sie anfing zu bröseln. Der Backofen war verklebt mit schwarz verbrannten Käseresten. Wie oft hatte sie ihren Söhnen gesagt, sie sollten ein Backblech verwenden, wenn sie Käsetoast machten? Draußen schien die Sonne. Sie hasste sich für ihre schlechte Laune.

Währenddessen fing es im U-Boot an zu brodeln. Die Lage wurde unerträglich. Die Kindheitsträume versperrten den engen Durchgang auf dem Boden und quengelten: „Wir wollen endlich hier raus!". Die Angstträume in den dunklen Kojen nervten alle mit ihrem Gewimmer, der Spinnentraum hockte stumm und vorwurfsvoll an der Wand, und der Traum vom Fliegen hatte sich im hoch aufragenden Baumhaustraum verfangen und kam nicht mehr los. Immer wieder drängte sich ein Alptraum vorbei und hinterließ einen kalten Schauer oder einen gellenden Schrei. Alle beschuldigten sich gegenseitig.

„So kann es nicht weitergehen!" erklärte der Matheprüfungstraum schließlich. „Solange Marta nicht mal weiß, dass es uns gibt, wird sie sich nie an einen von uns erinnern." Das leuchtete allen ein, und nachdem sie den ganzen Freitag lang diskutiert und gestritten hatten, fassten sie einen Beschluss: Heute Nacht steigt keiner aus. Heute holen wir Marta zu uns rein.

Am Samstag erwachte Marta ohne Wecker. Irgendetwas war anders als sonst. Sie hatte das Plätschern von Wellen im Ohr, und das Bett schien sanft zu schaukeln. War sie nicht gerade noch vom Meer umgeben gewesen? Da waren Gerüche, Gefühle, Geräusche und Gestalten gewesen, die sie umschwebten und durch sie hindurchglitten.

Sie blieb noch eine Weile liegen, bis das Schaukeln langsam zur Ruhe kam. Dann stand sie auf und ging in die Küche. Sie spürte das Holz des Fußbodens unter ihren nackten Füßen.

Ihr Mann war schon aufgestanden und hatte Brötchen geholt. Er saß am Frühstückstisch und las die Zeitung. Er war in den Sportteil vertieft. Sie setzte sich ihm gegenüber und sah ihn an. Seine linke Augenbraue war verstrubbelt. Er trug das dunkelblaue T-Shirt, das ihm ein bisschen zu groß war. „Hast du gut geschlafen?", fragte sie. „Hmmm", murmelte er zerstreut und blätterte die Zeitung um. Heute Abend würde der VfB gegen Bayern spielen.

Er war nicht ganz einverstanden mit der Mannschaftsaufstellung des neuen Trainers.

„Sollen wir mal wieder ans Meer fahren?", fragte Marta. Ihr Mann blickte erstaunt von der Zeitung auf. Sie ging zu ihm hin und strich mit dem Zeigefinger vorsichtig seine verstrubbelte Augenbraue glatt.

Autorenvita: Simone Alber

Simone Alber wurde 1973 in Ruit auf den Fildern geboren und wuchs in Köngen bei Stuttgart auf. Sie arbeitet als Logopädin, vor allem mit Kindern, die von Entwicklungsstörungen und Behinderungen betroffen sind, und lebt mit ihrer Familie in Tübingen.

Sie spielt gerne Improvisationstheater und hat im Jahr 2018 das Schreiben für sich entdeckt.

Bernhard Weigl

Ein Zimmer in Homs

„Hallo, ich bin ein Gutmensch". Zynisch verziehe ich meine Lippen bei dem Gedanken, dass so meine eigene Vorstellung beginnen könnte. Ja, ich bin wirklich das, was manche vielleicht gemeinhin als Gutmenschen verspotten. Dabei stehe ich weniger klatschend am Bahnhof, wenn Flüchtlinge ankommen. Vielmehr helfe ich bei der Unterbringung. Kümmere mich um Behördengänge und so weiter. Im Haus meiner verstorbenen Mutter habe ich zwei Wohnungen an syrische Flüchtlinge zu einem günstigen Preis vermietet. In der großen wohnt eine Familie mit vier Kindern. Wirklich nette Leute. Und in der anderen, kleineren Wohnung, da wohnte Naser. Mit Naser verbindet mich eine echte tiefe Freundschaft. Zumindest ... war das bis vor kurzem so. Ich kann nicht an Naser denken, ohne von einem Strudel aus Wut und Trauer , Enttäuschung und Verwirrung aufgesogen zu werden.

Naser ist anders als viele andere. Er ist hochgebildet und spricht neben einem hervorragenden Englisch auch ein sehr gutes Deutsch. Er interessiert sich für alte europäische Musik und Kultur und man kann mit ihm über praktisch jedes Thema ausschweifend diskutieren. Und so dauerte es nicht lange, bis wir uns wirklich gut anfreundeten. Verstehen Sie mich jetzt bitte nicht falsch. Ich stehe nicht auf Männer, falls Sie das meinen. Naser wurde mir wirklich zu einem Freund. Es gibt da dieses kitschige Wort von der Seelenverwandtschaft. Irgendwie trifft es das einfach.

Ich schleppte ihn in diverse Konzerte und Opern. Bei Mozarts Zauberflöte sah ich sogar Tränen in seinen Augen. „Weißt Du", sagte er, „ich muss da an Homs denken." Homs war seine Heimatstadt gewesen. Er hatte da einen Onkel und bei diesem wohnte er zur Untermiete in einem Zimmer.

Eines Tages sei Geheimpolizei gekommen oder sonst wer und die hätten den Onkel einfach mitgenommen. Die Nachbarn hätten das erzählt. Naser war zu diesem Zeitpunkt nicht in der Wohnung. Der Onkel tauchte nie wieder auf und für Naser wurde es Zeit zu flüchten. Als Student hatte er sich inzwischen auch verdächtig gemacht ... irgendwie.

Ich fragte nicht weiter nach. Ich hatte im Fernsehen die Bilder des zerstörten Homs gesehen.

Von besonders religiös konnte man bei Naser übrigens nicht sprechen. Bei unseren Biergartenbesuchen schmeckte ihm durchaus das bayerische Bier. Nur bei den Schweinshaxn hielt er sich zurück. Das lag aber, glaube ich, nicht an der Religion, sondern mehr daran, dass ihn davor etwas ekelte. Vielleicht entwickelte sich unsere Freundschaft ja auch so überaus schnell, weil Naser im Gegensatz zu anderen Flüchtlingen nicht die Nähe seiner Landsleute in Deutschland suchte. Ich machte nie die Beobachtung, dass er hier irgendwie Anschluss hatte oder jemals sich um einen bemüht hätte.

Stattdessen musste ich ihn in die öffentliche Bibliothek einführen und ihm dort die Benutzungsmöglichkeiten zeigen. „Goethe", sagte er, „Goethe muss man gelesen haben, wenn man Deutschland verstehen will. Und natürlich auch den Zauberberg von Mann." Ich weiß nicht, wann ich zum letzten Mal selbst etwas von Goethe oder Thomas Mann gelesen hatte. Und ob einem diese helfen konnten, das aktuelle Deutschland zu verstehen. Also las auch ich wieder. Zusammen mit Naser. Wir setzten uns in meiner kleinen Küche zusammen und lasen miteinander den Zauberberg. Den kompletten Zauberberg bei Kerzenlicht und Rotwein. Wenn wir vorher noch keine Freunde gewesen waren, so dann spätestens hier. Und zwischendrin erzählte mir Naser immer wieder von Homs.

Von der prächtigen Chalid-Ibn-al-Walid-Moschee, von den historischen Stadttoren und von der Burg Krak des Chevaliers, die einst von den christlichen Kreuzrittern erbaut worden war. Sobald ich aber versuchte, das Gespräch auf die aktuelle Situation in Syrien zu lenken, blockte Naser ab. Ich verstand das. Zu schmerzvoll musste die Erinnerung sein.

„Glaub mir. Die beobachten mich", meinte Naser. Damit verdächtigte er seine syrischen Nachbarn in der Wohnung über ihm. Ich konnte mir das beim besten Willen nicht vorstellen. Abdul und Fatima waren ruhige und angenehme Leute und hatten genug mit sich und ihren vier Kindern zu tun. Doch versuchte ich Abdul einmal im Treppenhaus vorsichtig auf sein Verhältnis zu Naser anzusprechen. Abdul verzog das Gesicht. Leider sprach er nur bruchstückweise deutsch. Doch ich verstand soviel, dass er und Fatima mit Naser lieber nichts zu schaffen haben wollten. Das Verhalten der beiden gab mir Rätsel auf.

„Die stecken alle unter einer Decke", sagte Naser recht plötzlich und mitten im Satz bei unserer gemeinsamen Lesung von Schillers Räubern. „Was? Wer" antwortete ich verblüfft. Doch Naser antwortete nicht auf meine Nachfrage. Ich sah aber die Angst in seinen Augen. Irgend etwas stimmte nicht mit ihm. Nach einiger Zeit las er mir den nächsten Satz von Franz Moor vor: „Bin ich doch ohnehin schon bis an die Ohren in Todsünden gewatet, dass es Unsinn wäre zurückzuschwimmen, wenn das Ufer schon so weit hinten liegt – ans Umkehren ist doch nicht mehr zu gedenken." Naser las das ganz langsam und betonte dabei jedes Wort. Das war an sich nicht ungewöhnlich. Er beherrschte die deutsche Sprache zwar hervorragend, doch waren solche altertümlichen Formulierungen manchmal für ihn verwirrend. Mit einem Mal war die Düsternis wieder weggeblasen. Naser nippte von seinem Rotwein, lachte ausgelassen und las schließlich weiter. In mir blieb jedoch mehr als eine Frage offen.

„Was heißt das? Todsünde?" fragte er mich zwei Tage später. Wir waren gerade in einem dieser Billig-Supermärkte und seine Frage traf mich, gelinde gesagt, etwas überraschend. „Öhm", ich überlegte. Ich bin nicht gerade das was man einen gottesgläubigen Menschen nennt. Ich holte erst einmal tief Luft, bevor ich loslegte: „Das heißt, man hat etwas angestellt. Etwas so Übles, dass Gott einen in die Hölle wirft. Also ohne Aussicht auf irgendeine ... Begnadigung." Begnadigung war wahrscheinlich das unpassendste aller Wörter. Mir fiel in dem Moment aber irgendwie nichts anderes ein.

Naser jedoch nickte, grinste und schien zufrieden mit der Erklärung.

Ich sah Naser natürlich nicht jeden Tag. Das Haus meiner verstorbenen Mutter, in dem er wohnte, war zwar nicht weit entfernt, aber ich musste ja schließlich auch arbeiten.

„Wie siehts aus, Naser?", fragte ich ein paar Tage später am Telefon, „wollen wir uns in der Innenstadt treffen?"

Wir gingen heute einmal nicht in die Bücherei. Schließlich waren wir mit den „Räubern" noch lange nicht fertig. Stattdessen saßen wir draußen vor einem gemütlichen Café. Ich hatte einen Cappuccino bestellt und Naser einen doppelten Espresso. „Fast wie in Homs", meinte Naser und blinzelte in die Sonne. Was wohl ein kleiner Scherz sein sollte, verblasste irgendwie durch Nasers Verhalten. Er redete heute nicht viel. Nur etwas vom Amt, auf dem er war. Mit einem Male schlug die Stimmung ganz um. Naser lief der Angstschweiß von der Stirn und er stierte auf irgendeinen Punkt hinter mir. „Laß uns schnell gehen", stammelte er. Ich verstand gar nichts. Was oder wen hatte er gesehen? Ich konnte nichts Verdächtiges ausmachen. Als ich Naser nach unserem fast fluchtartigen Verlassen des Cafés – ich konnte gerade noch bei der Bedienung zahlen – auf das Geschehnis ansprach, da antwortete er mir wieder nicht.

Ich bin nicht blöd, ich bin auch nicht all zu naiv. Ich bin ... beunruhigt.

Meine Mutter erzählte mir immer wieder einmal die Geschichte, woher angeblich die dunklen braunen Augen in unserer Familie stammten. Sie selbst kam aus dem tiefsten Niederbayern. Und dort, sagte sie, seien vor fast zweitausend Jahren römische Truppen stationiert gewesen, die eigentlich aus Syrien waren. Daher käme es, dass tatsächlich viele Niederbayern braune Augen hätten. Ich habe keine Ahnung, ob die Geschichte stimmt oder ob tatsächlich so viele Niederbayern eine braune Augenfarbe haben. Ich habe das aber Naser erzählt und er musste herzlich darüber lachen. Er nahm sein Rotweinglas und stieß mit mir an. „Zum Wohle, Brüderchen", sagte er. Das war aber schon viele Wochen, bevor das seltsame Verhalten Nasers begann. Inzwischen lag bei unseren Treffen eine gewisse Spannung in der Luft. Naser wurde immer verschlossener. Und wenn er redete, dann machte er düstere Andeutungen davon, dass er verfolgt würde. Ein gemeinsames Lesen war nicht mehr möglich. Und das fehlte mir ehrlich gesagt sehr. Ich wollte Naser helfen, doch der wehrte nur ab und schüttelte den Kopf. Beim Arzt sei er gewesen, und da war auch ein anderer Mann im Warteraum. Er sei sich sicher, dass dieser vom syrischen Geheimdienst sei. Er habe dann auch gemeinsam mit dem Arzt über ihn getuschelt. Naser meinte, er habe genau gehört, wie sie auch über seinen Onkel in Homs gesprochen hätten. Sie hätten ihn in der Gewalt und könnten alles mit ihm machen, wenn sich Naser ... ja, wenn. Das sprach Naser nicht mehr aus. Ich war jetzt nicht nur beunruhigt, ich war restlos verwirrt. Naser saß auf seiner Couch und hatte die Beine ängstlich angezogen. Seine Geschichte war absolut unglaubwürdig und doch hatte er sie mit größter Überzeugung vorgetragen. Als ich ihn darauf ansprach, ob die Geschichte wirklich so gewesen sei, wurde er so zornig, wie ich ihn noch nie erlebt hatte.

War Naser ein Terrorist? Am Ende ein sogenannter Schläfer? Einer, der erpreßt wurde?

Ich malte mir alles Mögliche aus. Vielleicht würde man ja seinen Onkel in Homs foltern, wenn Naser nicht mit einem Sprengstoffgürtel loslaufen würde?

Alles Quatsch. Bei meinem Besuch am nächsten Tag fand ich Naser am Boden seiner Küche sitzend. In einer Ecke saß er zusammengekauert und total verängstigt und verwirrt. Naser war krank. Wie krank, erfuhr ich erst, als ihn der Notarzt ins Krankenhaus einwies. „Ein ganz klarer Fall einer Psychose", hieß es. Verfolgungswahn, Angstzustände, das wären alles typische Krankheitssymptome.

Auch mich befragte der Arzt: ob ich von traumatischen Erlebnissen Nasers wüsste, die diese Psychose ausgelöst haben könnten? Ich erzählte von Homs und der Arzt nickte. Auch er hatte im Fernsehen die Bilder der zerstörten Stadt gesehen.

Es dauerte etwas, bis ich Naser in der Klinik besuchen konnte. Schließlich war ich kein Verwandter oder so was. Ich war erstaunt, denn er wirkte fast wie immer. Zwar etwas niedergeschlagen, aber ansonsten geistig normal. „Sie geben mir Tabletten hier", erklärte er. Damit sei die Psychose ganz gut zu bekämpfen. Der Arzt hatte etwas von Botenstoffen im Gehirn erzählt und so weiter.

Naser blickte zur Decke. „Es tut mir leid", meinte er. Ich wiegelte ab. Doch er sagte nichts. Es war, als ob er etwas ganz anderes meinte. Er schüttelte ganz langsam seinen Kopf, sagte aber nichts mehr.

Als ich Naser zwei Tage später wieder besuchen wollte, war er weg. Der Arzt erklärte mir, dass man Naser mit Polizei in eine andere Klinik verlegt hätte. Wäre das Leben ein Comicfilm, dann hätte jetzt endgültig ein dickes Fragezeichen über mir geschwebt. Am selben Nachmittag bekam ich Besuch von zwei freundlichen Beamten in zivil. Die Polizisten erklärten mir, dass Naser gar nicht Naser heiße und dass er schon seit einiger Zeit in Verdacht stehe. Andere Syrer hätten ihn angeblich erkannt.

Ich dachte kurz an Abdul und Fatimah, verwarf den Gedanken aber wieder. Naser ... oder eben nicht Naser hätte sich in Syrien angeblich als Folterknecht betätigt und es sei ziemlich wahrscheinlich, dass er sich schlimmer Verbrechen an seinen Landsleuten schuldig gemacht habe. Einen Onkel in Homs habe es mit Sicherheit nie gegeben.

Ich vergaß die Beamten sogar zu fragen, für wen er denn gearbeitet hätte. Für die Regierung? Für irgendeine Rebellengruppe?

Nein, ich vergaß es nicht. Mir war es schlichtweg egal.

Ich weiß nicht, was Naser – ja ich nenne ihn immer noch so – in Syrien getrieben hat. Das mögen schlimme Dinge gewesen sein. In mir hat er jedenfalls auch etwas zerbrochen. Soweit hat er seine Arbeit als Folterknecht gut gemacht, dachte ich mir.

Wer bist Du, Naser? War alles nur gespielt? Die Freundschaft? Wie kann ich je wieder Vertrauen haben ... Besuche ich ihn? Ist das überhaupt möglich? Hat mich Naser nur von vorn bis hinten belogen?

Ja, sollen alle diejenigen lachen, die mich schon immer als Gutmensch verspottet haben. Dem rechten Abschaum sage ich ganz deutlich, dass ich durch Naser weder zum Ausländerhasser, noch zum Rassisten geworden bin. Ich bin immer noch der Meinung, dass man Menschen, die Hilfe brauchen, auch helfen muss. Nur ... ich ... ich persönlich ... ich kann das nicht mehr. Naser hat in mir etwas zerbrochen. Ich kann niemandem mehr begegnen, ohne Misstrauen in mir zu haben. Dafür .... dafür sollte ich Naser ... vielleicht hassen? Doch ich weiß nicht mehr, wer Opfer und wer Täter ist. Der Arzt hatte gemeint, dass die Psychose bei Naser vielleicht durch die eigenen Schuldgefühle ausgelöst worden sei. Wahrscheinlich hatte er alles, was er erzählte, selbst geglaubt. Praktisch als Schutzmechanismus.

Ob es Nasers Onkel wirklich nie gegeben hatte? Und das Zimmer in Homs?

Ich werde mir überlegen müssen, ob ich um eine Besuchserlaubnis bei Naser nachfragen soll. Doch kann ich das und halte ich das aus?

Man kann keinem Menschen im Leben begegnen, ohne von diesem innerlich berührt zu werden.

Vor mir auf dem Küchentisch liegt aufgeschlagen Schillers Werk „Die Räuber“. Ich setze mich, entkorke die Flasche Rotwein und beginne zu lesen. Es fällt mir schwer es zuzugeben: trotz aller enttäuschten Gefühle, so hat Naser mein Leben doch eine Zeit lang reicher und schöner gemacht. Und vielleicht ... vielleicht bleibt ein kleiner Hauch davon für immer erhalten.

Autorenvita: Bernhard Weigl

Bernhard Weigl wurde 1969 geboren. Er lebt im Markt Mantel in der Oberpfalz, ist verheiratet und Vater eines Sohns. Beruflich ist er für ein Münchener Ingenieurbüro tätig. Privat dreht sich vieles um historische Themen und ums Schreiben. Neben zahlreichen Aufsätzen hat er drei Sachbücher und eine Erzählung veröffentlicht. 2018 gewann er beim Kurzgeschichtenwettbewerb des Pegnesischen Blumenordens in Nürnberg den ersten Preis.

Bücher: „Der Galgen ist mein Grab“, Sachbuch über die Räuberbande Troglauer, „Burg Parkstein“, Sachbuch, „Des Bauern letztes Hemd“, historische Erzählung aus der Oberpfalz.

Christian Müller

Das Kind aus Afghanistan

Im Frühjahr 2013

Man hatte Bela Rahimi in dem Krankenhaus in Kabul nicht mehr helfen können.

Ihre Eltern, aber auch die Großeltern, die alle in einem 250 Kilometer von Kabul entfernten Dorf lebten, hatten oft die mehrere Tage dauernde, beschwerliche und gefährliche Reise auf sich genommen, um sie im Krankenhaus zu besuchen.

Aber eines Tages stand fest:

Man konnte Bela im Krankenhaus in Kabul nicht mehr helfen.

Deshalb waren ihre Eltern damit einverstanden, dass sie vom „Deutschen Roten Kreuz" in eine Spezialklinik in die Nähe von München gebracht wurde.

Die Operation hatte drei Stunden gedauert. Danach hatte man Bela auf die Intensivstation gebracht.

Sarah Meier hatte Nachtdienst. Sie ging in das Zimmer 203, in dem das kleine Mädchen aus Afghanistan lag, das Mädchen mit den vielen Schläuchen.

Sie streichelte ihm über den Kopf und meinte, eine Reaktion zu bemerken.

Sie freute sich darüber, weinte gerührt.

Sie setzte sich noch mehrmals in dieser Nacht an das Bett der kleinen Bela und dachte jedes Mal dasselbe:

Was für ein hübsches Mädchen.

Am nächsten Tag schlief sie nur schlecht und hatte einen merkwürdigen Traum:

kreischende Kinder, Grimassen schneidend, und ein Rabe, der nur ein Bein hat.

Seit 20 Jahren ist sie nun schon ohne Unterbrechung Kinderkrankenschwester in der Ferdinandklinik. Und sie wird es wohl auch bis zu ihrer Verrentung bleiben. Die Kolleginnen sind ihre Familie, die Klinik ihr Zuhause.

Eigentlich hatte sie vorgehabt, eine eigene Familie zu gründen und sich für einige Jahre eine berufliche Auszeit zu nehmen. Aber vor zehn Jahren hatte ihre Frauenärztin festgestellt, dass sie wegen eines Erbdefekts keine Kinder haben könne.

„Erbdefekt", so hatte das ihre Frauenärztin wirklich gesagt.

Sie war damals 30 Jahre. Eine Welt war für sie zusammengebrochen, ein Traum zerplatzt wie eine Seifenblase.

Erst nach mehreren Jahren hatte sie sich einigermaßen von dem Schock erholt.

Sie hatte sich auf Drängen ihres Ehemanns dazu durchgerungen, ein Kind zu adoptieren. Aber eine Adoption war gar nicht so einfach, wie sich die Beiden das vorgestellt hatten.

Ihr Mann war arbeitslos geworden. Sie hätte also auf alle Fälle weiterarbeiten müssen, wenn sie die Eigentumswohnung mit dem kleinen Garten behalten wollten. Sie hatte das kleine Anwesen von ihren Großeltern geerbt, aber noch gehörte es größtenteils der Bank.

Es gab damals, wie auch heute, nur wenige Kinder, die zur Adoption freigegeben wurden, aber viele Adoptionsbewerber. Konkurrenten, bei denen die finanziellen Voraussetzungen besser waren als bei ihr und ihrem Mann, von dem sie sich schon längst emotional entfernt hatte.

Und die Jugendämter achteten auf die finanzielle Situation der zukünftigen Eltern, auf die Belastbarkeit ihrer Beziehung, auf alles Mögliche.

All dies wusste Sarah.

Ihre Chancen, ein Kind adoptieren zu können, waren nicht gut, und sie wurden von Jahr zu Jahr schlechter.

Denn nach Ansicht der Jugendämter sollten Adoptiveltern von Kleinkindern nicht älter sein als vierzig Jahre, obwohl dies im Gesetz so nicht steht.

Sarahs Befürchtungen wurden bald zur Gewissheit. Sie würde wohl kinderlos bleiben.

Sie schien sich allmählich damit abgefunden zu haben.

Einen Tag nach der Operation von Bela ging Sarah wieder zur Arbeit. Eigentlich hätte sie frei gehabt. Aber sie hatte sich gestern sofort bereit erklärt, den Nachdienst für ihre erkrankte Kollegin zu übernehmen.

Sie ging so oft wie möglich in das Zimmer des frisch operierten Kindes, versorgte und umsorgte es mit all dem mütterlichen Instinkt, der Frauen häufig innewohnt.

Einmal war Bela kurz aufgewacht und hatte gelächelt.

Es war nur ein kurzes Lächeln, aber ein Lächeln, das das Leben von Sara verändern sollte.

Denn urplötzlich keimte wieder Hoffnung auf, der verdränge Kinderwunsch drang wieder in ihr Bewusstsein.

Sie fasste den Entschluss, das Kind zu adoptieren, auf Dauer zu sich zu nehmen, notfalls mit Gewalt.

Sarah kümmerte sich nicht nur während ihres Dienstes liebevoll um Bela. Sie saß auch in ihrer Freizeit täglich, oft stundenlang an ihrem Krankenbett. Sie las ihr aus Bilderbüchern vor, tröstete sie, wenn sie weinte, spielte mit ihr, wenn sie sich langweilte, nahm sie in den Arm und streichelte ihr zärtlich über den Kopf, wenn sie zu spüren meinte, dass Bela danach war.

An Belas dankbarem Lächeln erkannte sie, dass auf ihr Gespür Verlass war.

Zunächst hatten sie sich vorwiegend „mit Händen und Füßen" verständigt.

Aber Bela lernte erstaunlich schnell, und schon bald war eine Verständigung auch durch Worte und nach und nach durch ganze Sätze möglich.

Bela ging es von Tag zu Tag besser. Die Schmerzen ließen nach.

Im Sommer war es dann endlich so weit.

Sarah durfte Bela für eine Woche mit zu sich nach Hause nehmen. Die Ärzte hatten es erlaubt.

Sie war glücklich und spürte, was das sein könnte, ein Leben mit einem Kind.

Auch Bela lernte eine völlig neue Welt kennen:

Eine Wohnung mit mehreren Räumen, ein Zimmer nur für sich ganz allein. Keine Angst haben zu müssen vor Bomben und Männern mit langen Bärten, die ihrer Mutter so oft Leid zugefügt und ihren Vater oft zur Verzweiflung gebracht hatten.

Sie hatte zwar auch schon im Krankenhaus mitbekommen, dass hier, wo sie jetzt war, vieles anders war. Fließendes Wasser, das aus einem Wasserhahn kommt, zum Beispiel.

Aber in dieser Woche bei Sarah lernte sie noch einmal viel Neues kennen, das sie tief beeindruckte, wie beispielsweise die vielen Autos, die Schaufenster, die Menschen, die ohne Angst auf der Straße spazieren gehen, Kinder, auch Mädchen, die wie selbstverständlich Fußball spielen, Frauen, die ohne Kopftuch und Begleitung von Männern in Cafés sitzen und sich unterhalten, dabei herzhaft lachend.

Zwei Tage nach Rückkehr in das Krankenhaus traten erneut Komplikationen auf.

Die Knochenmarkentzündung war doch nicht besiegt.

Bela werde noch viele Monate, vielleicht sogar ein Jahr oder noch länger in Behandlung bleiben müssen. Das jedenfalls sagten die Ärzte.

Und Sarah hatte das mitgehört, nicht ganz zufällig.

Sie war erschrocken, aber auch froh. Viele Gedanken schwirrten in ihrem Kopf herum, als sie die Ärzte über Bela fachsimpeln hörte:

Bela wird noch einige Zeit bleiben können, nicht zurück müssen. Zumindest nicht alsbald. Das ist für Bela natürlich nicht gut: Weitere Operationen, Schmerzen, Entbehrungen.

Aber für mich ist das gut, hatte sie gedacht. Die Zeit arbeitet für mich.

Bela vermisst ihre Eltern während der ersten Wochen im Krankenhaus in dem fremden Land sehr. Besonders ihre Mutter, aber auch ihren Vater, obwohl der sich nicht so viel um sie kümmern konnte, weil er meistens arbeiten musste. Er arbeitet wohl bei der Polizei in einem Vorort von Kabul, aber genau weiß sie das nicht.

Sie hat oft Schmerzen, schreckliche Schmerzen.

Sie ist dankbar, dass die fremde Frau für sie da ist und oft stundenlang an ihrem Bett sitzt, sie tröstet, mit ihr spricht, obwohl sie die Sprache, die sie manchmal nur verschwommen hört, anfangs nicht versteht. Von Woche zu Woche werden die Erinnerungen an ihre Eltern blasser. Sarah, die zunächst fremde Frau, die sie in der Nacht nach der Operation nicht verstanden und der sie trotzdem nach dem Aufwachen aus der Narkose zugelächelt hatte, wird ihr immer vertrauter.

Sie lernt zunächst langsam, aber von Tag zu Tag immer schneller.

Sie versteht allmählich die fremde Sprache und bekommt mit, dass Sarah sie liebt. Liebt wie ein eigenes Kind. Sie weiß seit einigen Monaten, wie die fremde Frau heißt.

Die Erinnerungen an ihre Eltern beginnen zu verschwinden.

Im Sommer 2017

Bela hat sich sehr gut entwickelt. Sie geht in die dritte Klasse der Grundschule in einem Vorort von München. An ihrer Aussprache kann man nicht erkennen, dass sie nicht in Deutschland geboren ist. Ihre Heimatsprache Paschtu hat sie verlernt.

Sie hat keine Erinnerungen mehr an ihre leiblichen Eltern.

Sie musste zwar häufiger den Schulbesuch für mehrere Wochen unterbrechen und dringend erforderliche Nachbehandlungen wegen der hartnäckigen Knochenmarksentzündung über sich ergehen lassen.

Aber sie hat diese Strapazen immer tapfer überstanden und den versäumten Unterrichtsstoff dank der aufopferungsvollen Unterstützung von Sarah jedes Mal aufgeholt.

Sie lebt nun schon seit fast drei Jahren mit Einverständnis des Jugendamtes bei Sarah.

Diese hat sich vor zwei Jahren von ihrem Mann getrennt. Er hatte es nicht ertragen, dass sich Sarah nur noch um Bela kümmerte und ihn so sehr vernachlässigte.

Eines Tages bekommt Sarah einen Brief. Er ist vom Familiengericht und enthält eine Ladung zu einem Gerichtstermin in der „Kindschaftssache Bela Rahimi".

Die Eltern von Bela haben dort mit Hilfe eines Anwalts einen Antrag auf Kindesherausgabe gestellt und fordern die Rückführung von Bela nach Afghanistan. Sie sei gesund und könne nun endlich wieder zurück nach Afghanistan.

Das Begehren der Eltern wird auch vom „Deutschen und dem Internationalen Roten Kreuz" unterstützt. Man könne seine Arbeit einstellen, wenn sich in den von Krisen geschüttelten Ländern herumspreche, dass Kinder, die zu Behandlungszwecken nach Deutschland ausgeflogen würden, nach erfolgreicher Behandlung nicht mehr zurück zu ihren Eltern kämen, weil sie dort kinderlosen Müttern oder Väter anvertraut würden.

Ja selbst wenn Bela sich in Deutschland wohlfühlen und es ihrem Wohl und Willen entsprechen sollte, dass sie in Deutschland bliebe, müsse sie nach erfolgreicher Behandlung wieder zurück in ihr Herkunftsland zu ihren Eltern.

Man dürfe nicht zum Wohl eines Kindes das Wohl vieler Kinder aufs Spiel setzen.

Sarah liest das vom Familiengericht übersandte Schreiben der Anwälte von Belas Eltern nun schon zum wiederholten Mal.

Sie ist verzweifelt. Man will ihr das Kind wegnehmen. Und die Gefahr, dass dies gelingen wird, besteht durchaus. So viel begreift sie.

Sie ahnt, dass das in einem einzigen Satz am Ende der Antragsschrift durch Kursivdruck hervorgehobene Argument ausschlaggebend für den Ausgang des Rechtsstreits sein könnte:

„Man darf nicht zum Wohl eines Kindes das Wohl vieler Kinder aufs Spiel setzen."

Wird man mir Bela wegnehmen? Was kann ich bloß tun, um das zu verhindern?, überlegt sie fiberhaft.

Viel Zeit bleibt nicht, denn der Gerichtstermin soll in zwei Wochen stattfinden.

Schließlich fasst sie einen Entschluss.

Sie geht zu ihrem Nachbarn. Der ist ein etwas merkwürdiger Mensch. Sie kennt ihn gar nicht näher. Seit sie sich vor zwei Jahren von ihrem Ehemann getrennt hat und in die Karl –Wiechern – Allee gezogen ist, hat sie ihn nur ab und zu mal gesehen. Sie weiß zwar, dass er mal Richter war, aber viel mehr weiß sie nicht über ihn.

Nur, dass er gerne Tennis zu spielen scheint, denn sie hat ihn schon öfter mal, auch im Winter, mit einer Tennistasche auf sein Auto zugehen sehn.

Eigentlich hat er sie immer freundlich und nett gegrüßt, mehr aber auch nicht.

Nach kurzem Zögern klingelt sie an seiner Tür.

Er macht auf.

Sie zeigt ihm den Brief vom Familiengericht.

Er liest langsam, sehr langsam.

Dann gibt er ihr das Schreiben zurück und sagt erleichtert:

„Gott sei Dank bin ich pensioniert und kein Richter mehr."

Und dann erzählt er etwas von dem klassischen Konflikt zwischen Pflegeeltern und leiblichen Eltern. Schon in der Bibel sei das thematisiert worden, das salomonische Urteil habe hier seinen Ursprung. Aber auch danach, fast zweitausend Jahre später, sei dieser Konflikt erneut literarisch bearbeitet worden, von Berthold Brecht im Kaukasischen Kreidekreis und zuvor, was kaum einer wisse, von einem Dichter namens Klabund, der leider viel zu früh gestorben sei.

Sarah hört nicht richtig zu. Das alles interessiert sie überhaupt nicht. Sie will keinen Vortrag über Pflegekinder hören, sie will einen konkreten Ratschlag bekommen.

„Was würden Sie mir raten und wie sind meine Aussichten?", unterbricht sie ihn ungeduldig, fast schon barsch.

„Ich werde Ihnen keinen Rat erteilen und auch zu den Aussichten, wie das Verfahren ausgehen wird, möchte ich nichts sagen", erwidert der Nachbar, freundlich, aber bestimmt und fährt nach einer kurzer Pause fort: „Denn vor Gericht und auf hoher See sind wir alle in Gottes Hand".

Sarah gibt sich mit dieser Antwort nicht zufrieden, hakt nach. Aber das Gespräch dreht sich im Kreis.

Enttäuscht verlässt sie die Wohnung des pensionierten Richters.

Eine Wochen später, vier Tage vor dem vom Amtsgericht anberaumten Termin, bricht Sarah alle Zelte ab. Sie reist mit Bela zu einer alten Schulfreundin nach Brasilien, die dort seit ihrem Abitur vor zwanzig Jahren glücklich mit einem Eigentümer einer Baumwollplantage verheiratet ist.

Wochenlang bewegt der Fall der kleinen Bela, deren neuen Aufenthaltsort niemand kennt, die Bewohner in dem Vorort von München.

In den täglich abgedruckten Leserbriefen der örtlichen Presse werden immer neue Fragen aufgeworfen und mal so oder mal so beantwortet.

Jeder hat sich, so scheint es, ein Urteil gebildet:

War es richtig oder zumindest verständlich, dass Frau Sarah M. mit dem Kind geflohen ist?

Hätte das Kind nicht viel früher seinen leiblichen Eltern zurückgegeben werden müssen?

Wie hätte der zuständige Richter vermutlich entschieden?

Wie hätte er entscheiden müssen?

Hätte er die Kindesentführung nicht durch Beschlagnahme des Kinderreisepasses verhindern können oder müssen?

Auch der pensionierte Richter liest täglich die Leserbriefe über den Fall der kleinen Bela.

Auch er hat sich sein Urteil gebildet.

Kindeswohl muss Vorfahrt gegenüber dem Elternrecht haben. Das ist seine feste Überzeugung.

Deshalb hätte er den Antrag der Eltern von Bela auf Rückführung nach Afghanistan abgelehnt. Denn das Kindeswohl ist für ihn im Zweifel ein höheres Gut als das Elternrecht, wenngleich manche Urteile seiner Kollegen, sehr zu seinem Leidwesen, eine entgegengesetzte Tendenz erkennen lassen.

Einige Wochen später liest er in der örtlichen Presse, dass die Mutter von Bela vor kurzem Suizid begangen und am Sterbebett geflüstert haben soll:

„Bela, Bela, wo bist du?"

Er wird für einen kurzen Moment nachdenklich, leise Zweifel kommen in ihm auf, ob sein Urteil richtig gewesen wäre.

Ja, er hat Zweifel.

Und das kennt er zur Genüge:

das Grübeln, - und die damit verbundenen schlaflosen Nächte.

Zweifel haben ihn während seiner dreißigjährigen Berufstätigkeit nicht nur gelegentlich geplagt.

Aber dann ist er sich doch sicher.

Sein Urteil wäre richtig gewesen.

Einige Monate später, wird in den „Tagesthemen" über den Tod eines kleinen Kindes in Afghanistan berichtet. Es hätte vermutlich gerettet werden können, wenn sich die Eltern nicht geweigert hätten, ihr Kind dem „Deutschen oder Internationalen Roten Kreuz" anzuvertrauen, weil sie Angst hatten, dass ihr Kind nach der erfolgreichen Behandlung in Deutschland nicht mehr zu ihnen zurückkommen wird.

„Fälle dieser Art haben in letzter Zeit leider stark zugenommen", hatte ein Mitarbeiter des „Deutschen Roten Kreuzes" berichtet.

Als der pensionierte Richter diesen Bericht hört, ist er bestürzt.

Aber er ist auch erleichtert. dass die Last der Verkündung von Urteilen „Im Namen des Volkes" ihm keine schlaflosen Nächte mehr bereitet.

Autorenvita: Christian Müller

Dr. Christian Müller, geb. 1952, Langenhagen, Prof. im Ruhestand. Er war mehrere Jahre als Rechtsanwalt, dann als Richter und zuletzt fast 30 Jahre an der Fakultät V der Hochschule Hannover tätig und hat 2018 seinen Erstlingsroman „Wir schaffen das, aber nicht jeder ist Wir" veröffentlicht. Weitere Infos über Publikationen siehe unter christian.mueller@hs-hannover.de

Nähere Infos über sein musikalisches Wirken siehe unter www.dieherbstzeitlosen.de

Wilfried W. Meijer

abteilung buche

sie haben mich in einen sessel gesetzt und ans fenster geschoben, damit ich eine aussicht habe. abteilung buche, als ob ich nicht wüsste, dass in dieser gegend gar keine buchen wachsen. nur ein paar krüppelkiefern habe ich gesehen und einen weißen dodo mit hörgerät. der hat mir die schalterhalle gezeigt, zusammen mit seiner schwester, die früher mal meine schwester war. aber heute will lisbeth mich gar nicht mehr kennen, die treulose tomate. ich bin doch luise, habe ich zu ihr gesagt. aber sie verzieht keine miene und spielt die empfangsdame. herzlich willkommen auf unserer abteilung buche, frau schomaker. dies ist ihr neues heim mit ganz viel fenster. da brauchen wir doch gar keine weglauftendenz zu haben, nicht wahr?! aber mir kann sie nichts vormachen. ich habe gleich gemerkt, dass mit den möbeln etwas nicht stimmt. sogar meine kinder standen auf einmal wie falsche fuffziger herum in meinem alsobheim. hier ist für alles bestens gesorgt, hat lisbeth mir vorgeflötet. sehen sie doch mal, dort wartet schon ihr wohlverdienter ohrensessel mit blick auf den bahnhof. damit ich züge gucken kann und auf andere gedanken komme.

sie haben mich in den sessel gebettet wie ein häkelkissen und mir einen notruffinger in den schoß gedrückt. ganz verboten sieht das aus. dann hat mich einer nach dem anderen umarmt, als wollten sie mal wieder in urlaub fahren. wir denken ganz oft an dich, und nächsten sonntag sind wir ja schon wieder da. ich weiß, was sie hören wollten. aber ich habe eisern geschwiegen und mit meinen augen den blumenstrauß in der vase sortiert. schöne gerberas, nur dass sie ständig die köpfe zusammenstecken und miteinander tuscheln. murmelflüstern, das sich auf zehenspitzen entfernt.

aber mein ohrensessel hört es genau. sie braucht jetzt mehr unter-
wäsche. ihre röcke sind viel zu weit. sie ist so klein geworden. wer
weiß, wie lange sie uns noch erkennt. sie ist ja jetzt schon ganz durch
den wind, flüstert es aus meinem sessel. glaubt bloß nicht, dass ich
euch nicht hören kann. doch als ich den kopf zur seite drehe, um mich
von meinen kindern zu überzeugen, waren sie von heute auf morgen
hinter den scheuklappen meines sessels verschwunden, die ganze ge-
sellschaft, auch lisbeth. nur ich sitze noch da in der vollzähligkeit mei-
ner jahre, wie bestellt und nicht abgeholt.

wenigstens hat er gute ohren, mein sessel, und ich horche in ihn
hinein, ohr an ohr, all die wörter und geräusche, die sich in ihm einge-
nistet haben. sie rumoren wie siebenschläfer unterm dach, sie kollern
im polster wie geröll. geröll von wörtern. sie mahlen in meinem kopf.
aber manchmal, wenn meine gedanken spazieren gehen, springt ihnen
plötzlich etwas bei wie von anderswo. koffergeröll. auf einmal höre ich
es heraus. ich zwischen den ohren meines sessels und seine wörter in
meinen inneren angelegenheiten. folgsames gepäck. es mischt sich in
meine hellhörigkeit. koffergeröll in urlaubsstimmung. und der bahn-
steig ein langer steg an ein meer mit halbpension und rudi schurickes
capri-sonne. nur der zug lässt auf sich warten. mein johann wollte
auch immer nach capri, wenn die kinder größer sind. doch da war der
zug schon abgefahren, wegen der flecken auf johanns lunge, und wir
hatten das nachsehen. da kommt wieder einer. achtung zugbetrieb,
warnt mein sessel. halten sie abstand von der bahnsteigkante und be-
treten sie den gekennzeichneten bereich erst nach halt des zuges. nur
widerwillig kommt er zum stehen. dann liegt das zischende reptil im
gleis und schnappt nach zeit, als wollte es jede sekunde einzeln zur
strecke bringen. temposchlange. schon prescht sie wieder davon. be-
schleunigte menschen hinter den fenstern.

manchmal spricht mein sessel in rätseln. aber er ist für mich da,
und seine wörter sind nur für mich. sie gehen ein, sie gehen aus wie
hörensagen. manchmal verstehe ich nur bahnhof. aber johann und ich
haben uns auch immer in den ohren gelegen mit unseren gespenstern.
einer war für den anderen da.

einer des anderen ladenhüter, hat mein kleiner geschäftsmann immer gesagt, und mir mit einer handvoll fingerwind die flusen aus dem haar gekämmt. johann, wo bist du? es ist so kalt hier am bahnsteig. sie haben mich in einen sessel gesetzt und auf ein abstellgleis geschoben, hörst du? nur ein tablett mit beerdigungskuchen haben sie mir dagelassen. als ob ich nicht schon genug trauerfeiern in erinnerung hätte, mir ist schon ganz kodderig davon. und siehst du, prompt steht bernie wieder im warnblinklicht, der einen zug anhalten wollte, obwohl es weit und breit keinen bahnhof gab und kein signal und keine rechtzeitigkeit vor dem schnappen. dieses räudige geräusch, wie es anschwillt in meinem sessel, als wäre der zug noch immer unterwegs, um die verspätung von damals aus der welt zu fahren. die brüllende schleppe aus waggons, wie sie zurückkehrt und rast gegen den uhrzeigersinn. vor lauter schrecksekunden drücke ich die fernbedienung in meinem schoß. doch der film läuft einfach weiter, direkt auf die unfallstelle zu, wo bernie auf seinem neuen trecker steht und winkt und winkt, bis – jesus, meine zuversicht! endlich schiebt lisbeth ihren kopf um die scheuklappe, aber schimpft auch gleich los auf ihre beste schwester. was mir denn einfalle, und überhaupt, die unfallstelle sei doch längst geräumt. schauen sie doch mal richtig hin, frau schomaker. doch da steht der beerdigungskuchen. und unter mir die zeitung gegen die kalten tage breitet sich aus wie ein nasses handtuch. ich mache meine augen lieber zu und stelle mich schlaftaub. keine widerwörter mehr, bis lisbeth wieder zur arbeit geht. ich weiß gar nicht genau, was sie eigentlich macht. erst war sie ja noch bei uns in stellung. doch als die mittagszeit abgeschafft wurde, ist sie in die stadt zur konkurrenz gegangen, und wir mussten den laden allein zusammenhalten. arbeit hält jung, war johanns lebensmotto, jedenfalls vorübergehend. wir waren mindestens zehn jahre lang achtunddreißig vor lauter geschäftszeit. das ganze dorf trug unsere blusen und hemden, schlief nachts in unseren betten und zog morgens unsere unterwäsche an.

alles von plünnen-johann. aber für capri hat es nicht gereicht. nur einmal ein paar tage ammersee am grab von rudi schuricke. mein johann war ganz gerührt, weil es ihn an bernies plattenstunde erinnerte. der hatte das grammophon besorgt, und wer nicht verschütt gegangen war von den jungen leuten, der kam zum bahnhof. endlich gab es was zu erleben nach all dem sterben. und züge fuhren sowieso keine mehr. also sitzen wir auf der bahnsteigkante, lassen die beine baumeln und warten auf bernie. irgendwann an diesem helllichten nachmittag klingt plötzlich die stimme rudi schurickes aus dem lautsprecher. wenn bei capri die rote sonne im meer versinkt streicht auf uns nieder wie ein schwarm echovögel. gleich tasten alle nach einer hand und lehnen die köpfe aneinander. johann horcht an meinem ohr, ich an seinem. und mein sessel summt mit. aber jetzt müssen wir erst etwas trinken, sagt der kiwi, sonst kommt der doktor mit dem tropf. nicht wahr, frau schomaker, da trinken wir doch lieber ein schönes glas capri-sonne.

aber seine schnittchen mit plastikkäse und lieberwurst habe ich liegen lassen und stattdessen nach der tageszeitung verlangt. dass sie in ihrem alter immer noch zeitung lesen, wundert sich der kiwi. dabei habe ich mein lebtag alles verschlungen, was nach wörtern aussah, auch wenn sie mir manchmal wie von aller welt verlassen scheinen. es ist wie in diesem gedicht, das gebkens gerd zum besten gab, wenn er getrunken hatte. erst kam das kegeln, dann seine kriegsgeschichten. zwischendurch stand er immer wieder mal auf, wanderte um den tisch und klagte mit grabesstimme: mein blick ist vom vorübergehn der wörter so müd geworden, dass er nichts mehr hält. mir ist, als ob es tausend wörter gäbe und hinter tausend wörtern keine welt. so ungefähr ging das. es ist mir erst neulich wieder eingefallen, als ich die zeitung aus dem kühlschrank geholt habe und die wörter auf einmal keine antwörter mehr gaben. taube wörter, nietenwörter. gebkens gerd konnte ein lied davon singen, als er aus der gefangenschaft kam. er hatte die bahnhofskneipe mit der morschen kegelbahn gepachtet. und wenn damenkegeln war, durfte ich mit in seinen nietenclub.

da ging er rund, beugte sich über die gäste und äugte in ihre geträn-
ke: mein blick ist vom vorübergehn der wörter so müd geworden, dass
er nichts mehr hält. mir ist, als ob es tausend wörter gäbe und hinter
tausend wörtern keine welt. und dann lässt dieser apenköster doch
tatsächlich seine kriegsbeschädigung in mein weinglas fallen, dass es
spritzt wie prost mahlzeit und die ganze korona in kreischendes ge-
lächter ausbricht. eben saß er mit ein paar verjährten kegelbrüdern
noch draußen in der schalterhalle. ich habe ihn gleich an seinem
glasauge erkannt. das andere hatte er nur für lisbeth. und die hat ihm
sogar noch zugezwinkert, dieses früchtchen. meine kinder haben es
auch gesehen und nur den kopf geschüttelt.

aber dann haben sie mich in einen sessel gesetzt und ans fenster ge-
schoben, damit ich mich nicht so einsam fühle und noch etwas mit-
kriege von der welt. da scheppert es mal wieder auf ganzer bahnlinie,
und mein sessel ist bis auf den letzten platz gefüllt mit sprechgesän-
gen. bestimmt hat der große sv bis über beide ohren verloren. pah,
vergisses, zischen die loks. ich drücke die fernbedienung, doch nichts
geschieht. kein kiwi, keine lisbeth. wo seid ihr? es ist so laut hier am
bahnsteig. grölend ziehen die züge aus dem gleis und hinterlassen ei-
nen halben atemzug stille, tickend wie ein schlupfei in meinem ohren-
polster. dann kriecht der schlachtgesang der nachzügler hervor: wenn
der frühling kommt, dann schicken wir – bomben auf amsterdam,
tausend rote, tausend gelbe, alle sagen nur dasselbe, dass man uns nie
vergessen kann. pah, vergisses, zischen die loks. aber sogar meine ver-
gesslichkeit hat lücken. und plötzlich tritt aaron über die schwelle,
mein streckenläufer, der die gleise entlangtippelte und sang gegen die
einsamkeit der landschaft hinterm haus. ich hörte ihn schon von Wei-
tem, wenn er mit dem gleishammer ans eisen schlug, meine ziegen
sind gleich auf den bahndamm geklettert. da hat er pause gemacht und
jedes mal ein bisschen mehr erzählt von sich und seiner familie, von
hierzulande und ganz woanders. manchmal bin ich ein stück mit ihm
mitgegangen.

und eines tages, in der langen kurve vor der hollandweiche, hat er sogar seinen arm um mich gelegt. aaron, der das eisen klingen ließ, und luise, die kein kind mehr war und ihm auch ohne ziegen gefolgt wäre, hätte er nur ein wort gesagt. er aber hatte abschied in den augen und sagte mit der traurigen vernunft eines erwachsenen: ich muss jetzt allein weiter und komme nicht wieder. mein weg ist zu weit für dich. geh du zurück und immer neben dem gleis, hörst du. nie auf den schwellen, das ist zu gefährlich für träumer. er wandte sich ab, murmelte ein zittriges lebwohl, und ich sah seinen rucksack immer kleiner werden zwischen den schienen. bis heute weiß ich nicht, ob er bei der weiche abgebogen oder geblieben ist auf den gleisen ins rampendunkel. danach kam ein anderer streckenläufer, einer, der knallkapseln zündete, wenn eine ziege auf dem gleis stand. räder müssen rollen für den sieg, rief er mir zu. als ich mich traute, nach aaron zu fragen, zischte er nur: der drecksjud, der, der kommt nicht mehr. ich darf gar nicht daran denken. doch im gleisbett liegen die toten stein für stein und finden keine ruh. und in meinem sessel ächzen und rumpeln die alten räder, als suchten sie nach neuen gleisanschlüssen. rangiergeräusche von rostigen waggons und rostigen wörtern. wurde die lok gewechselt, johann, oder die fahrtrichtung? doch er antwortet nicht. meine kinder sagen, er sei schon heimgegangen. und dass ich nicht ewig auf ihn warten kann in meinem kopfbahnhof. am besten, ich würde in lisbeths großes heim umsteigen, sagen sie. schon wegen der verkehrsgünstigen lage. wir können dich bequem besuchen, und du kannst jederzeit bequem verreisen.

dann haben sie mich in einen sessel gesetzt und ans fenster geschoben, damit ich sehen kann, wer kommt und wer geht. dabei lese ich viel lieber zeitung, damit die wörter wieder zu mir finden. sie rieseln vom papier, lautlos wie maschen, die von der nadel fallen. widrige wörter. sie reden an mir vorbei, als hätte ich ihnen nichts mehr zu sagen.

nur mein sessel ist ganz ohr und hört das wimmern in den wänden. schwester, schwester. die türen wie nackenschläge. schritte im schnelldurchlauf.

sie kommen und wollen mich holen. morgen ist auch noch ein tag, sagen sie. das war früher, ruft es aus meinem sessel, heute ist morgen schon wieder gestern. der kiwi macht ein ratloses gesicht, und sie tuscheln hinter meinem alterssitz. oder möchten sie vielleicht noch ein stündchen zu den anderen in den fernsehraum, frau schomaker? nein, will ich nicht, da übertragen sie sowieso nur aids. der kiwi kichert. aber umsteigen müssen sie trotzdem, höre ich eine diensthabende stimme über mir, der zug endet hier. ich rufe nach johann. ich will keine bettlägrigkeit. ich rufe meine widerwörter zusammen, aber sie sind schon ganz taub und schütteln meinen kopf, nein-nein. sogar mein sessel ist stumm wie ein küchenstuhl. die zugbegleiterin und ihr kiwi geben sich ein zeichen, und schon haben sie mich von meiner platzreservierung gezerrt. überall hände, die nach mir schnappen, arme, die sich um meine würde legen und mich abführen wie einen widerspenstigen schwarzfahrer. jetzt ist mal schluss mit lustig, raunzt der kiwi hinter dem wäschewaggon. und ab trimo, schnauft die zugbegleiterin, gleich die bettgitter hoch. ich weiß nur, dass plötzlich mein ohrläppchen eitert. dann fließt auch noch mein augenlicht ab. alles umnachtet. die notbeleuchtung eine schwarze pupille, die sich weitet um mich wie aller tage abend.

als ich wieder einen lichteinfall habe, sitzt lisbeth an meinem bett. sie haben sie in einen sessel gesetzt und ans fenster geschoben, damit sie züge gucken kann und eine erinnerung hat. durch die stäbe sehe ich, wie sie sich mit ihrer zahnbürste die haare kämmt. so fahl das gesicht, so schiefrig, als ob sie wieder die halbe nacht hinter den sieben schläfern her gewesen ist und ihnen perücken gebraten hat. schwesterherz, flüstere ich. müde hebt sie den kopf und klimpert verbiestert mit den augen, als hätte der sessel zu ihr gesprochen. erzähl mir von luise, ja? mir ist, als wäre sie schon von uns gegangen. erzähl von ihr, bevor uns die sterbenswörter ins gebet nehmen. ach, frau schomaker, sagt lisbeth, das sind nur hirngespenster.

ich bin doch ihre nachtwache. aber du hast luise auch doch ge-
kannt, sage ich, sie war doch unsere schwester. und an wen man sich
erinnert, der ist noch nicht ganz ausgestorben. erzähl uns von luise, ja?
bevor sie ist, als wäre sie nie gewesen.

Autorenvita: Wilfried W. Meijer

Wilfried W. Meijer, geb. 1950 in Osnabrück. Lit.wiss. Studium.
Hauptberuflich tätig im sekundären und tertiären Bildungsbereich.

Seit den 1980er Jahren zahlreiche literaturkritische Arbeiten (Frank-
furter Rundschau, Deutschlandfunk u.a.) sowie eigene Lyrik und Prosa
in Zeitschriften, Anthologien und im Hörfunk. Später auch Reisefeuil-
letons (Amsterdam) und literarische Übersetzungen aus dem Nieder-
ländischen (Sybren Polet u.a.).

Selbstständige Publikationen:

Kein Wetter in Twerte. Haselünne 2010.

Hans und Hannah auf der Hase. Laudatio auf einen Fluss. Ha-
selünne 2010.

Kathrin Hamel

Dreizehn

Freitag, der Dreizehnte. Ausgerechnet heute soll die Entscheidung fallen. Seit Tagen hat Max über meinen Aberglauben gespottet. Im letzten Moment verliert er selbst die Nerven. Ruf du an, bittet er, und streckt mir den Telefonhörer entgegen. Meine Hände sind feucht, als ich danach greife. Meine Finger zittern während ich die Nummer wähle. Mein Herz schlägt bis zum Hals, meine Kehle ist wie zugeschnürt. Das Freizeichen läutet eine Ewigkeit. Endlich meldet sich Frau Schmidt.

Der Anruf kam vor fast neun Wochen. Wir waren spät nach Hause gekommen. Beiläufig hörte ich die Nachrichten auf dem Anrufbeantworter ab. Und hielt plötzlich inne. Hier ist Frau Schmidt, sagte die Stimme, können Sie bitte morgen früh zu mir kommen?, es gibt Neuigkeiten. Max, rief ich, und meine Stimme überschlug sich, Max. Zusammen hörten wir die Nachricht noch einmal ab. Schon?, fragte Max, das kann doch gar nicht sein. Wir haben ja nicht mal den Kurs abgeschlossen. Wir sind doch noch nicht dran.

Er hatte Recht. Mit zwei Jahren müssen Sie rechnen, hatte Frau Schmidt uns damals gesagt, mindestens. Und Sie haben ja auch zu tun. Den Antrag schreiben, Lebensberichte einreichen, Heiratsurkunde, Führungszeugnisse, Passbilder, Verdienstbescheinigungen, ärztliche Atteste. Einzelgespräche, Gruppengespräche, die Schulungsreihe. Der Personalbogen, Fragen über Fragen. Wie leben Sie? Wie haben Sie sich kennengelernt?

114

Was schätzen Sie aneinander? Welche Rollenverteilung haben Sie in Ihrer Partnerschaft, welche Erinnerungen an Ihre Jugend? Welche Vorstellungen von Erziehung? Und schließlich: Darf das Kind farbig sein? Behindert? Die leiblichen Eltern alkohol-, drogenabhängig? Psychisch krank? Straffällig? Aggressiv? Fragen, Fragen, 22 Seiten Fragen.

Was soll das?, hatte ich Max gefragt, normale Eltern werden doch auch nicht auf Strich und Faden geprüft, die bekommen ihr Kind einfach. Und diese Fragen nach dem Kind? Die machen mir Angst. Abend für Abend hatten wir zusammen gesessen, nachgedacht, Antworten abgewogen, aufgeschrieben. Und verworfen. Vor die rosaroten Wolken unserer Sehnsucht hatten sich Nebelschwaden des Zweifels geschoben. Schreiben wir Wünsche auf? Und wenn nicht: Was trauen wir uns zu? Und dann die Schulungen, in denen sie uns warnten: Alles könnte noch so wundervoll sein in den ersten Jahren, aber dann käme die Pubertät. Sie nannten uns Quoten, wie viele Familien wieder auseinander brächen.

Wir sind doch noch nicht dran, wiederholte Max. Doch es war dieser Anruf, auf den wir gewartet hatten. Der uns gleichzeitig vor Glück taumeln ließ und vor Panik erstarren. Von einem Mädchen erzählte uns Frau Schmidt am nächsten Morgen, erst drei Tage alt. Die Mutter hätte gleich nach der Geburt das Krankenhaus verlassen. Haben Sie sie kennengelernt?, fragten wir, wie ist sie? Nett, antwortete Frau Schmidt, sehr nett. Rote Haare hat sie, fuhr sie fort und lächelte mich an, da habe ich gleich an Sie gedacht. Sie arbeitet auch im Labor. Darum sind wir schon dran?, fragte Max, nach einem halben Jahr? Und die anderen im Kurs? Wenn es passt, sagte Frau Schmidt, gibt es keine Reihenfolge. Perplex schauten wir einander an. Zufall, dachte ich, Fügung, Schicksal? Das ist irre: Wer welches Kind bekommt, liegt allein in der Hand dieser kleinen, entschiedenen Frau. Was denken Sie, fragte ich, wird sie es sich anders überlegen?

Frau Schmidt zögerte. Ich glaube nicht, antwortete sie dann und fing meinen flehenden Blick, ich denke wirklich, sie bleibt dabei. Aber ganz genau weiß man das nie. Acht Wochen hat sie Zeit, sich doch für das Kind zu entscheiden, das wissen Sie ja.

Im Krankenhaus sahen wir es das erste Mal, das Kind, das von nun an unser Leben bestimmen würde. Lilli, so zart war sie, so verletzlich. So klein ihr Köpfchen, roter Flaum auf weißem Laken. Unendliche Zärtlichkeit durchströmte mich, mein Herz wollte sich öffnen. Doch genauso groß war meine Furcht: Was ist, wenn nicht? Acht Wochen. Was, wenn die Frau es sich anders überlegt. Die Schwester legte mir Lilli in den Arm. Steif saß ich auf dem Stuhl, wagte nicht, mich zu rühren. Lilli begann zu weinen. Max machte es besser. Auf seinem Arm beruhigte sie sich, mit jeder Minute, die sie an seiner Brust lehnte, wurde sie sanfter. Sie spürt Ihren Herzschlag, sagte die Schwester, Ihre Wärme.

Lilli sollte noch mindestens eine Woche im Krankenhaus bleiben. Eine Woche, in der wir zu Hochform aufliefen. All die Unterlagen, all die Wege. Nur das Nötigste, zunächst, Arbeitgeber, Krankenkasse. Windeln, Babykleidung, das Kinderzimmer. Das Kinderzimmer hatte sich Frau Schmidt schon vor Wochen angesehen. War durch den Raum geschritten, der ganz leer war bis auf einen einzigen Kleiderschrank, hatte alles schweigend auf sich wirken lassen und wohl wie wir versucht, sich hier ein Kind vorzustellen. Hatte die Wände gemustert, sonnig gelb gestrichen, und aus dem Fenster gesehen. Ihren Blick prüfend über den Spielplatz schweifen lassen, den wir in unseren Fragebögen angegeben hatten. Wir wissen ja noch nicht, wann es kommt, hatte ich kleinlaut gesagt. Und was es wird, hatte Max ergänzt.

Und dann stürmte Lilli in unser Leben und wirbelte alles durcheinander. Jeden Tag besuchten wir sie im Krankenhaus, freuten uns über jedes Gramm, das sie zunahm.

Konnten uns kaum von ihr trennen und waren insgeheim doch ein bisschen froh über den Aufschub, der uns blieb. Waren unterwegs in Möbelläden, Drogerien und Babyausstattern. Schraubten abends Regale zusammen und bauten die Wickelkommode auf. Max' Bruder brachte uns ein altes Kinderbett und kistenweise Babykleidung. Verzückt saßen wir auf dem neuen Teppich und packten die winzigen Teile aus, denen unsere Nichte gerade erst entwachsen war, strichen sie vorsichtig glatt und stellten uns Lilli darin vor.

Endlich der Tag, an dem wir Lilli abholen durften. Wir zogen ihr die mitgebrachte Kleidung an und stellten fest, dass selbst Größe 50 noch zu groß für sie war. Die Tür des Krankenhauses fiel hinter uns ins Schloss, auf einmal standen wir allein da. Lilli sah verloren aus in der Babyschale und zerbrechlich. Schier überwältigt waren wir von der Verantwortung für dieses Kind, das jetzt unseres war – und doch noch nicht unseres.

So oft stand ich in den nächsten Wochen an Lillis Bett und konnte mein Glück kaum fassen. Doch immer dann, wenn mein Herz sich öffnen wollte, bedingungslos lieben, schoben sich Zweifel wie ein schützender Riegel davor.

Stundenlang trug ich Lilli in einer Tragetasche auf dem Bauch durch die Wohnung. Ich fragte mich, ob sie meine Zerrissenheit spürt zwischen Herz und Verstand, Liebe und Angst, dem Ich-gebe-meine-Tochter-nie-mehr-her und dem Und-was-wenn-doch. Und hoffte so sehr, dass sie nichts als Nähe spürte und Wärme und Liebe.

Niemand sah uns an, dass Lillis Wurzeln nicht die unseren waren. Oh wie süß, hauchten fremde Menschen verzückt, und starrten in den Kinderwagen, solch schöne rote Locken, ganz die Mutter. Beim Spaziergang, beim Arzt, in der Krabbelstunde, wir waren mittendrin, Eltern unter Eltern.

Und doch fühlte ich mich tief im Innern wie eine Hochstaplerin mit diesem Kind, das ich nicht geboren hatte. Fühlte mich, als spielten wir nur Familie und das Spiel könne jederzeit beendet werden.

Die Sonne schien durchs offene Fenster, malte helle Streifen auf mein Gesicht, weckte mich. Ich holte Lilli zu uns ins Bett. Ganz still lag ich neben ihr, Körper an Körper. Fühlte ihre Wärme, spürte jeden ihrer Atemzüge. Was haben wir für ein Glück gehabt, dachte ich, und dann: doch wie fragil ist dieses Glück. Acht Wochen. 56 Tage. Unendlich viele Stunden, in denen die leiblichen Eltern Zeit haben, Lilli zu sich zu holen. Ein Damoklesschwert, das unser Schicksal jederzeit wenden kann.

Freitag, der Dreizehnte. Zwei Uhr, drei Uhr. Ich finde nicht in den Schlaf zurück. Vier Uhr. Die Nacht franst an den Rändern aus. Ich stelle mir Lillis Bauchmama vor. Liegt sie jetzt auch wach? Ringt sie noch mit ihrer Entscheidung, die Unterschrift beim Notar zu leisten, die die Nabelschnur endgültig durchtrennt? Oder ist sie sich sicher, sehnt wie wir Klarheit herbei?

Ruf du an, bittet Max, und streckt mir den Telefonhörer entgegen. Meine Hände sind feucht, als ich danach greife. Meine Finger zittern während ich die Nummer wähle. Mein Herz schlägt bis zum Hals, meine Kehle ist wie zugeschnürt. Das Freizeichen läutet eine Ewigkeit. Endlich meldet sich Frau Schmidt. Max dreht sich um, legt den Kopf in den Schoß. Nimmt nicht wahr, wie ich befreit aufatme, wie mein ganzer Körper sich entspannt. Ich umarme ihn. Sie hat unterschrieben, jauchze ich. Die Dreizehn ist unsere Glückszahl, alles wird gut.

Autorenvita Kathrin Hamel

Kathrin Hamel, 1971 in Berlin geboren, lebt heute in Magdeburg. Seit 2003 verschiedene Literaturpreise, unter anderem Preisträgerin bei der Preisfrage der Jungen Akademie an der Berlin-Brandenburgischen Akademie der Wissenschaften und der Deutschen Akademie der Naturforscher Leopoldina 2008 sowie beim Dillinger Literaturpreis 2003. Zahlreiche Publikationen in Zeitschriften und Anthologien. Veröffentlichung der Bücher „Erde" (2015) und „Der letzte Tanzbär" (2019).

Julia Dankers

Eine Herzensangelegenheit

23 Uhr 59 und 1 Sekunde zeigt die Uhr auf dem zerkratzten Display meines Smartphones. Mitteleuropäische Zeit.

Überall auf der Erde schreitet die Zeit voran. Vielleicht sogar im All. Aus heiterem Himmel frage ich mich, ob es auch dort unterschiedliche Zeitzonen gibt.

23 Uhr 59 und 7 Sekunden zerfließen vor meinen Augen wie Schokolade in der Sommersonne und um meine Ohren bläst eisiger Wind. So tief ich kann, drücke ich mich in den Hauseingang hinein, eingehüllt in meinen Parka, der mir plötzlich albern vorkommt, weil er mich verdächtig aussehen lässt.

Das Mauerwerk gibt nicht unter meinem Rücken nach, so sehr ich es mir auch wünsche, mit dem Gebäude zu verschmelzen, immer dann, wenn mich die Scheinwerfer der vorbeifahrenden Autos blenden. Ein Reh auf der Autobahn muss sich so fühlen, wenn ein Zwölftonner mit hundertzwanzig Kilometern pro Stunde darauf zurast. Ich fühle mich exakt wie dieses verängstigte Tier, bevor der klotzige LKW daran vorbeirauscht, so dass die dünnen Beinchen zittern wie die oberen Äste in den Baumwipfeln der Nordmanntannen, bevor sie zu Weihnachten in unseren Wohnzimmern landen.

23 Uhr 59 und vierzehn Sekunden vermischen sich mit deinen Worten in meinem Gedächtnis. Deine Stimme klingt so tief und wohlig, gefangen zwischen meinen Ohren, sich ausbreitend wie flüssiges Karamellgold, wenn du mir zuflüsterst, was niemand außer uns hören soll. Alberne Liebesschwüre, die nur uns betreffen. Worte, die erst dann an Bedeutung gewinnen, wenn unsere Herzen und unsere Körper sich im Schutze der Dunkelheit berühren.

Auch du hast Angst. Vorhin habe ich sie bemerkt - und das feine Zittern deiner Lippen, als sie meine berührt haben, flüchtig und fest zugleich.

23 Uhr 59 und einundzwanzig Sekunden lassen mich schaudern trotz der dicken Stofflagen um mich, die mich einhüllen wie ein Kokon. Der Kokon hängt tropfnass und schwer an mir herunter, eine viel zu massige Haut. Ein Elefant könnte sich nach einem Bad in einem Dschungeltümpel so fühlen. Für mich bist du mein persönlicher Porzellanladen, durch den ich täglich trampele. Deine zarten Fingerkuppen fühlen sich wie Feenflügel an, immer wenn sie meine raue Wangenhaut streifen.

„Wenn ich um 24 Uhr nicht wieder da bin, ist etwas schiefgelaufen", hast du mir zugeraunt. „Verschwinde dann. Es reicht, wenn sie einen von uns erwischen." Der rote Punkt über dem S malt einen grellen Heiligenschein um deinen Kopf, bevor du dir die Kapuze tiefer ins Gesicht ziehst.

Danach bist du in der Sparkasse verschwunden, das Gesicht mir zugewandt mit einem Lächeln auf deinen schmalen Lippen, die sich so weich und verletzlich auf meinen anfühlen.

23 Uhr 59 und achtundzwanzig Sekunden rütteln fahrig an meinem viel zu schnellen Puls. Ein Polizeiwagen mit Blaulicht biegt um die Ecke. Seine Reifen quietschen auf der regennassen Straße. Einen Schritt schleiche ich zurück, tiefer in den Eingang hinein. Ich kann nicht durch Wände laufen.

Manche können über Wasser wandern, andere über Leichen gehen. Ich kann gar nichts, außer phantastische Pfannkuchen zuzubereiten.

Beim Gedanken an gebratene Eierkuchen höre ich dich leise schmatzen und sehe vor meinem inneren Auge einen dicken Tropfen Nussnugatcreme von deiner Unterlippe rinnen. Er hat sich heute Nachmittag schwer und süß auf meiner Zungenspitze angefühlt.

23 Uhr 59 und sechsunddreißig Sekunden flattern mit meinem Herzen um die Wette. Wie macht der Uhu, frage ich mich urplötzlich.

„Wenn jemand kommt, mach einfach den Uhu!", hast du gesagt. Deine Augen leuchten geheimnisvoll, beinahe diabolisch vor Vorfreude im rötlichen Licht des Sparkassenschriftzugs. Es lässt dich jünger aussehen - und ein bisschen unsterblich.

Der Polizeiwagen steht mit laufendem Motor an der Ampel, zehn Meter vom Eingang der Bank entfernt. Sein Blaulicht erinnert mich an meine Discozeit in den Neunzigern, als man zum Tanzen noch die Füße benutzt hat und nicht Spielkonsolen und bunte Plastikmatten. Ich spreche vier Sprachen fließend, kann mich aber nicht daran erinnern, wie der Uhu macht. Zwischen meinen zusammengebissenen Zähnen schmecke ich metallisch nach frischem Blut wie Vampire, bevor sie kurz vor Sonnenaufgang schlafen gehen.

23 Uhr 59 und einundvierzig Sekunden blinken im fahlen Licht des Displays, bevor die Ampel auf Grün und der Streifenwagen davonspringt.

Die Nachtluft fühlt sich frisch, klar und ein bisschen wie Eiscreme an. An warmen Tagen beiße ich gerne in ein Stracciatella Eis, obwohl meine Laktoseintoleranz mir erbarmungslose Rache schwört.

23 Uhr 59 und neunundvierzig Sekunden klirren kalt um meine zitternden Beine. Steine fallen von meinem Herzen, das mir in die Hose gerutscht ist.

Sie fühlt sich plötzlich viel zu kurz an. Das cordsamtene Muster ist abgewetzt von all den langen Abendspaziergängen mit dir im Halbdunkel.

Das Knirschen unserer gleichmäßigen Schritte im Schnee hört sich immer harmonisch an, auch wenn du Giraffenschritte machen musst, während ich in Kätzchenschritten schreite. Du musst lachen, wenn unsere Schultern sich berühren, weil ich so albern aussehe, weit nach vorne gebeugt, damit ich nicht allzu riesig gegen dich wirke. Dein Lachen klingt glockenklar und lebendig.

23 Uhr 59 und sechsundfünfzig Sekunden glänzen im Mondschein. Kein Lüftchen bewegt sich mehr. Nur ein junger Jogger mit einem dreist dreinschauenden Dobermann keucht um die Ecke, in die ich mich tiefer drücke. Der Jogger hechelt atemlos und der Hund knurrt mich an. Sabberfäden hängen zu beiden Seiten seines Mauls herunter wie flüssig gewordene Eiszapfen. Ein paar Tropfen seines Speichels rinnen träge und körperwarm in meinen Strumpf hinein.

Ich schließe die Augen und stelle mir vor, wie seine kühlen Reißzähne sich urplötzlich in meinen Unterschenkel graben.

Dampfender Atem dringt aus seinen Nasenlöchern, bevor der Jogger ihn weiter in die Dunkelheit hineinzieht, die beide verschluckt.

23 Uhr 59 und achtundfünfzig Sekunden brennen sich in meine Netzhaut. In meinem Magen wütet ein Orkan. Die Dunkelheit hält mich gefangen wie das leuchtende Handydisplay meinen Blick um genau zwei Sekunden vor Mitternacht. Die Geisterstunde greift mit spitzen Klauen nach meinem Verstand, während ich auf dich warte, meine linke Hand um meine Schulter geschlungen wie einen dünnhäutigen Schutzschild. Atemlos horche ich auf geräuschlose Schritte, die es nur in meinem Kopf gibt. In meinem Paralleluniversum gilt keine mitteleuropäische Zeit. Mit zitternden Knien trete ich heraus aus dem schmalen Eingang zwischen zwei Häusern.

Genau in dem Moment öffnet sich die automatische Glastür der Sparkasse und entlässt deine kleine, dunkelgekleidete Gestalt, die ein gigantisches Päckchen zu tragen hat. Du ziehst es wie einen leblosen Körper hinter dir her und lachst glucksend. Dein roter Heiligenschein erinnert mich an die Christbaumdekoration aus meiner Kindheit.

23 Uhr 59 und neunundfünfzig Sekunden strahlen mir entgegen, knapp neben deinem Gesicht. Es wird von den vielen floureszierenden Lichtern aus dem Ungetüm erhellt, das du hinter dir herzerrst. „Ich habe ihn!" Deine Lippen drückst du auf meine, leicht zitternd und ein bisschen keuchend vor Anstrengung. Kleine Spucketröpfchen fliehen vor deinen Worten. „Und er muss nicht einmal mehr geschmückt werden!"

Hinter dir liegt unser erster Weihnachtsbaum, entwendet aus der Kreissparkasse um die Geisterstunde herum. Die dünnen, oberen Äste der Nordmanntanne bewegen sich leicht im sachten Wind, während die Kirchturmglocke hohlwangig zur Mitternacht läutet. „Und weil Heiligabend faktisch vorbei ist, ist es nicht einmal Diebstahl!"

Du schiebst mir den Baum in die Arme. Seine Äste fühlen sich pieksig und ein wenig rebellisch an, als würden sie eine ganz andere, viel spannendere Geschichte erzählen wollen, die deutlich länger als eine Minute dauert.

In unserem urpersönlichen Universum ist es an der Zeit, heimzugehen und sich in die Arme des anderes fallen zu lassen, zitternd, erleichtert und glücklich. Dein Atem streift knapp an meinem Ohr vorbei, kitzelt mich und die Anspannung aus mir heraus. Zwischen uns liegen die leuchtenden Tannenzweige wie ein sorgsam gehüteter Schatz.

Autorenvita: Julia Dankers

Julia Dankers, geboren 1977 in Stade, war sich immer schon sicher, dass ihr Beruf das Schreiben werden sollte und begann dennoch trotzig eine Ausbildung in der Küche. Sie war jung und brauchte das Geld, hat sie später stets schulterzuckend geantwortet.

Inzwischen lebt Julia Dankers in der Märchenstadt Buxtehude, arbeitet als Küchenleitung und nebenher als Autorin zahlreicher Romane und Kurzgeschichten. Romane: „Herzkasper", „Herztanz" und „Herztour" im Ulrike Helmer Verlag. „Verschneites Herz" und „Alles Liebe, Deine Angst" im Main Verlag, „Passwort Rote Alge" im Hybridverlag.

Christian Wicklein

Niemandsland

Der Krieg kam schneller als wir dachten. Ich erinnere mich noch genau an den Tag, an dem wir unser Dorf verlassen mussten. Männer und Frauen mit Einkaufswägen, beladen mit ihrem letzten bisschen an Hab und Gut, stampften mit zerschlissenen Gesichtern durch den Dreck. Der Nebel gab nach und nach die zerbombte Landschaft frei. Ein alter Mann lief weit hinter uns her. Er trug einen großen grünen Rucksack. Das Gehen fiel ihm schwer. Als wir die Stadtgrenze erreicht hatten und zwischen den ausgebrannten Autos eine Pause einlegten, brach der Mann zusammen. Das Gewicht seines Rucksacks drückte seinen Körper nach unten. Niemand half ihm. Ich stand nur da und beobachtete seinen verzweifelten Versuch, wieder auf die Beine zu kommen. Mein Verstand wollte ihm helfen aber meine Beine verkrampften als ich loslaufen wollte. Einen Wimpernschlag später schlug an der Stelle eine Bombe ein. Als ich aus meiner Deckung kam und den Krater sah, dort wo der Mann gelegen hatte, wurde mir einmal mehr bewusst, dass in diesen Zeiten kein Platz für Mitgefühl war. Die Wucht, die ihn aus dem Leben gerissen hatte, hätte mich genauso treffen können. Der Krieg hatte moralische Kannibalen aus uns gemacht. Eine Taube rang in einer Pfütze aus Schlamm um ihr Leben. Ich blickte zur Seite, konnte das Leid um mich herum nicht mehr ertragen. Auf der Flucht waren alle gleich. Menschen und Tiere starben auf Augenhöhe. Als wir das Basislager, welches uns für eine Nacht Unterschlupf gewähren sollte, erreichten, waren von den ehemals fünfzig Menschen, die zusammen aufgebrochen waren, noch etwas weniger als die Hälfte übrig. Das Lager bestand aus drei Blechcontainern, notdürftig zusammengehalten von zerfetzten Kleidungsstücken Verstorbener. Ich schlief keine Sekunde in dieser Nacht.

Immer wieder hörte ich in der Ferne die Bomben fallen. In einem der Nachbarcontainer schrie ein Säugling. Ich dachte an meine Kindheit, die ich unbeschwert, fernab von diesem Elend verbracht hatte. Welch privilegiertes Leben das doch war. Dieses Baby hingegen würde im Krieg aufwachsen und in Zeiten des Krieges sterben. Es war nicht abzusehen, wann dieser Zustand enden würde. Niemand wusste, ob er überhaupt jemals wieder enden würde. Als die Nacht allmählich in den Tag überging ließ der Bombenregen nach, bis er schließlich komplett aufhörte. Als ich den Container verließ roch es nach verbranntem Fleisch. Eine ältere Frau saß auf einem Reifen und weinte. In ihrer Hand hielt sie ein zerrissenes Foto. Dann zogen wir weiter. Drei Tage und drei Nächte später erreichten wir die Hauptstadt. Die Silhouette des Mannes, der die Welt in diesen Krieg gestürzt hatte, war noch auf einigen Plakaten an Häuserwänden zu sehen. Überall in den Straßen standen bis auf das Stahlgerippe heruntergebrannte Autos. Einige der Häuser waren nur noch Ruinen. Wie Pappaufsteller ragten ihre Fassaden in die Höhe. Als wir endlich den Bunker erreichten durchzog mich zum ersten Mal ein Gefühl der Erleichterung. Hier würde man uns aufnehmen, hatte man uns gesagt. Der Bunker war die letzte Chance, unser Leben noch ein paar Tage zu verlängern. Denn wir wussten alle, dass wir diesen Kampf früher oder später verlieren würden. Manchmal fragte ich mich in diesen Zeiten, wie sich Menschen fühlten, die ein lebenswertes Ziel vor Augen hatten. Mit welchen Gedanken erwacht man am Morgen, wenn das Lebensziel beruflicher Erfolg ist, statt dem blanken Überlebenskampf? Wie schreitet man in den Tag, wenn man nicht mit der Angst leben muss, dass die eigene Existenz jeden Augenblick ausgelöscht werden könnte? Ich wusste, ich würde die Antworten auf diese Fragen niemals erfahren. Als ich den Bunker betrat und in die müden Augen meiner Mitmenschen sah, spürte ich, dass Gott diesen Ort schon vor langer Zeit verlassen hatte. Eine Wolke der Resignation schwebte über den Köpfen derer, die überlebt hatten. Ich setzte mich auf eine Bank und betrachtete meine Hände. Die Falten wurden im Laufe der Jahre tiefer. Mein kleiner Finger, den ich mir auf der Flucht gebrochen hatte, war schief zusammengewachsen.

Am Zeigefinger meiner linken Hand fehlte der Fingernagel. Ein Mädchen mit braunen gelockten Haaren spielte neben mir auf dem Boden mit kleinen Plastikfiguren, denen einige Gliedmaßen fehlten. Ich fragte das Mädchen nach ihrem Namen. Sie hieß Zoja. Ein lauter Knall ließ uns erstarren. Das Licht flackerte und von der Decke bröckelte Beton. Ich werde Zoja´s Gesichtsausdruck niemals vergessen. Ein kleines Mädchen von vielleicht fünf oder sechs Jahren, gezeichnet durch die Wirren des Krieges. Ihre großen blauen Augen sahen mich voller Todesangst an. Und doch trug ihr Gesicht die Züge dieser kindlichen Unbekümmertheit. Ich fragte sie, wo ihre Eltern waren. Sie schüttelte den Kopf und schaute zu Boden. Eine Frau, die sich neben mich gesetzt hatte, erklärte mir, dass die Eltern des Mädchens in das Gefängnis überführt worden waren. Seitdem kümmerte sie sich so gut es ging um das Mädchen. Aber auch sie musste sehen, wo sie blieb. Genauso sagte sie es: Ich muss auch sehen, wo ich bleibe. In der Nacht nahm der Beschuss durch die feindlichen Truppen zu. Immer wieder spürte ich Dreck auf meinen Kopf rieseln. Und als ob ich mich davor hätte schützen können, als ob ich so überleben würde, zog ich mir meine Decke über den Kopf. Als ich endlich eingeschlafen war träumte ich von meinen Eltern. Sie waren bei einer der ersten Säuberungswellen abtransportiert wurden. Meine Mutter griff nach meiner Hand als sie und mein Vater bereits auf dem LKW saßen. Ein Soldat schlug ihr daraufhin ins Gesicht. Mein Vater schaute mich mit diesem durchdringenden Blick an, der mir jedes Mal, wenn ich daran denke, einen Schauder über den Rücken jagt. Ich wusste es damals noch nicht, aber Jahre später überkam mich die Gewissheit, dass sie gestorben waren, um mich zu retten. Diese Schuldgefühle ließen mich beinahe verrückt werden. Als der Bunker kurze Zeit später gestürmt wurde umgab mich eine paradoxe Ruhe. Wenn man das Ende der Geschichte kennt, begegnet man dem Unausweichlichen mit der größtmöglichen Distanz. Draußen auf dem kleinen Vorplatz wurden die ersten an Ort und Stelle erschossen. Man verschonte mich, und so kam ich zusammen mit Zoja in ein Arbeitslager. In einer hölzernen Baracke las man uns unsere Rechte vor. Dann wurden wir aufgeteilt. Zoja und ich wurden getrennt.

Das Letzte, was ich von ihr sah, war, wie sie von einem Wärter an den Haaren durch den Dreck geschleift wurde. In der Hand hielt sie eine der Plastikfiguren. Als nach einigen Wochen der Nahrungsmangel die Insassen an ihre Grenzen trieb, wurden immer mehr von uns getötet. Meistens erschoss man die Menschen, wenn man sie nicht gerade einfach totprügelte, hinter einer der Baracken und warf die Leichen in eine Grube, um sie später anzuzünden. Der erste Weltkrieg hat uns geprägt, der zweite hat uns gelehrt, aber dieser wird uns auslöschen, stand auf einem Stück Holz, das ich unter meinem Bett fand. Die Schrift war unleserlich mit Kohle aufgebracht. Darunter standen die Buchstaben H und D. Nach einigen Monaten war mein Rücken übersät von Hämatomen, entstanden durch die täglichen Prügel der Wärter. Einige meiner Mitinsassen wurden gezwungen ihr eigenes Erbrochenes zu essen. Durch den Staub in der Luft fiel mir das Atmen von Tag zu Tag schwerer. Irgendwann machten sich die Wärter dann auch nicht mal mehr die Mühe, die Toten zu verscharren. Die Getöteten blieben einfach liegen, dort wo ihnen das Leben genommen wurde. Als ich eines Morgens vom Klang der Sirenen aus dem Schlaf gerissen wurde, wusste ich, dass die Zeit gekommen war. Wir mussten uns in einer Reihe aufstellen. Unsere Füße durften dabei eine in den Boden gezogene Linie nicht überschreiten. Rechts von mir standen drei weitere Männer. Links neben mir war die Menschenreihe einige Meter länger. Der Soldat begann zu meiner Rechten. Als der erste Mann in sich zusammensackte überkam mich ein eisiges Kribbeln. Beim zweiten Schuss spürte ich Übelkeit in mir aufsteigen und musste mich übergeben. Als der Mann neben mir den Soldaten anflehte und dann der dritte Schuss ertönte, färbte mein Urin die Innenseiten meiner Oberschenkel dunkel. Einige der Wärter lachten daraufhin und zeigten mit dem Finger auf mich. Der Blick in den Lauf einer Pistole sollte das Letzte sein, was ich in meinem Leben sah. Und genau in diesem Moment fiel der Druck von meinem Körper ab und meine Gedanken verschwanden aus meinem Gehirn. Absolute Leere durchzog mich. Ich wusste immer, dass es so enden würde.

Als das Projektil den Lauf der Pistole verließ, sah ich vor meinem geistigen Auge das Bild, wie ich als kleiner Junge alleine und ohne zu fragen mit einem Paddelboot auf den See hinausgefahren war. Das Wasser war so klar, dass man bis auf den Grund sehen konnte. Die Sonne spiegelte sich in den kleinen Wellen, die das Boot schlug und verwandelte die Welt für eine Sekunde in einen Ort, wo es sich zu leben lohnte. Die Luft war rein. Der vollkommene Tag.

Autorenvita: Christian Wicklein

Christian Wicklein, geboren am 25.07.86 in Sonneberg, arbeitet als selbstständiger Werkzeugmechaniker und lebt in Südthüringen.

Anfang 2017 veröffentlichte er seinen ersten Roman »Ich hab´s geregelt. Es wird nix!« bei Amazon im Selbstverlag. Ende 2017 folgte der Roman »Schuster« und Mitte 2018 der Roman »Und die Spitalbesucher kamen in Engelskostümen«. Anschließend erschien der Kurzgeschichten Sammelband »Holt die Kuh vom Eis«.

Magnus Schleich

Ecatzingo, Mexiko, Freitag, 29. September 2017

Wir haben uns ziemlich verspätet. Überall ist man in den engen Strässchen an den Aufräumarbeiten, so dass es für uns fast kein Fortkommen gab. Beni musste eine Engelsgeduld aufbringen, um den Mietwagen ohne eine Schramme vorbei an Schutthaufen und Radladern zu manövrieren. Doch wir treffen die Leiterin der Poststelle, mit der er sich telefonisch verabredet hat, noch in ihrem Büro an. Sie sitzt etwas verquer an ihrem Schreibtisch, eine Zigarette zwischen den Fingern, und hat offenbar mit derselben Geduld auf uns gewartet. Vielleicht ist es aber auch nur Müdigkeit, die sie so gelassen, beinahe unbeteiligt erscheinen lässt, denke ich, denn sie verändert ihre Köperhaltung kaum, als wir eintreten, und der Blick, den sie uns zur Begrüssung schenkt, wirkt seltsam leer, als würde sie uns durch einen Dunstschleier wahrnehmen. Zudem herrscht im Raum eine drückende Schwüle, gegen die der Standventilator im Hintergrund vergebens ansurrt. Seltsam, dass sie dennoch ihre Jeansjacke nicht ausgezogen hat. Seltsam kommt mir auch vor, dass das Büro komplett ausgeräumt ist. Auf dem Tisch liegen noch ein paar Mappen mit Schriftsachen, dann hat es an der Wand neben dem Tisch eine Pinntafel mit Tabellen und Adressen und an der anderen, vor der der Ventilator steht, ein kitschiges, realistisch gemaltes Bild, das einen Guerillero in typischer olivgrüner Uniform beim Lesen einer Order zeigt, eine Zigarillo rauchend, das Sturmgewehr natürlich in Griffweite – das ist auch schon alles. Weiter registriere ich, dass die Wand, an der das Bild hängt, im unteren Drittel im selben hellblauen Farbton gestrichen ist wie jene Tür des alten Mannes, der uns zur Leiterin der Poststelle geschickt hat.

Die Tür, gehalten von einem massiven Rahmen, ist alles, was nach dem verheerenden Erdbeben vor zehn Tagen von seinem bescheidenen Häuschen übrig geblieben ist. Inmitten der Trümmer schien sie mir der Zerstörung ringsum trotzen zu wollen. Ihr Blau, obschon bedeckt von einer feinen Staubschicht, erstrahlte jedenfalls unbeirrt stählern in der grellen Mittagssonne.

Indessen hat uns Beni vorgestellt. Er ist Architekt. Aufgewachsen in einem kleinen Bergdorf, hat es ihn nach dem Studium in die Ferne gezogen. Das „Es" war eigentlich eine „Sie", wie er mir erzählte, als wir uns am 1. August bei einem Empfang in der Schweizer Botschaft kennenlernten. Gestern rief er mich an, ob ich Interesse hätte, ihn in eines der vom Erdbeben am schwersten betroffenen Gebiete zu begleiten. Er gehört zu einer Gruppe von Architekten, allesamt Freiwillige, die sich vor Ort ein Bild von den Schäden machen wollen, um effektive Hilfe organisieren zu können. Einen Journalisten dabeizuhaben, wäre nicht schlecht, meinte er. Also sind wir zusammen nach Ecatzingo gefahren.

Die Frau ist jetzt aufgestanden und hat dabei, nach einem letzten, hastigen Zug, ihre Zigarette auf dem verfleckten Linoleumfussboden ausgedrückt. Passend zu ihrer Jeanskleidung trägt sie einfache Turnschuhe. Neben dem schlaksigen Beni nimmt sie sich klein aus, kleiner als sie für mexikanische Verhältnisse eigentlich ist, klein und irgendwie in sich zusammengesunken. In ihrem vollen schwarzen Haar, das sie straff nach hinten gekämmt und mit einem Band zusammengebunden hat, zeigt sich nicht eine graue Strähne, dafür haben sich aber um ihren Mund harte Falten eingegraben. Sie ist mehr als müde, sie ist erschöpft. Und so klingt auch ihre Stimme, eine angenehme, dunkle Stimme, deren Wärme jedoch erloschen ist. „Es tut mir leid, ich kann Ihnen keine Sitzgelegenheit anbieten. Wir mussten umziehen. Eine Inspektion hat ergeben, dass es hier zu gefährlich ist. Einem zweiten Beben wird das Haus nicht standhalten." Mit einer Kopfbewegung weist sie flüchtig an die Decke, wo fingerbreite Risse klaffen.

Mit raschem Architektenblick hat sich Beni von der Richtigkeit der Massnahme überzeugt. Er nickt und fügt, indem er auf das Bild zeigt, mit gespielt ernster Miene hinzu: „Das sollte aber auch dieser Herr dort beherzigen!"

Die Frau lacht auf. „Ach, überlassen wir den seinem Schicksal!" Als sie meinen verdutzten Blick gewahrt, erklärt sie: „Das Bild hängt schon ewig hier." Dann schlägt sie vor, nach draussen, hinter das Haus zu gehen. „Dort im Schatten ist es angenehmer."

Wir setzen uns auf eine morsche Bank. Die Gasse, die am Haus vorbeiführt, ist menschenleer. Die Hitze des frühen Nachmittags hat die Leute vertrieben, und selbst von den sonst überall herumstreunenden Hunden und Katzen ist keine Spur zu sehen. Umso unwirklicher, gespenstischer kommt mir die schwer beschädigte Häuserzeile uns gegenüber vor. Ein Haus ist völlig in sich zusammengestürzt und hat auch die Wand zum Nachbarhaus mitgerissen. Vier andere, die aneinandergebaut sind und sich so vielleicht Halt gegeben haben, stehen noch, aber man hat sie mit Pfosten und Balken abstützen müssen, und ihr Mauerwerk weist hässliche Löcher auf. Gegen Ende der Gasse ragen von einer alten Kapelle nur noch Mauerreste aus den um sie aufgetürmten Steinhaufen hervor. Hätte man eine Bombe auf sie abgeworfen, wäre der Anblick nicht trostloser.

„Hat es Tote gegeben?" fragt Beni.

Die Frau betrachtet eine Weile ihre Hände, denen das Anpacken nicht fremd ist, und sagt dann verhalten: „Etliche, leider Gottes auch ein Kind, es wurde hier auf der Gasse von herabfallenden Ziegeln erschlagen. Die genaue Zahl kann ich Ihnen nicht sagen." Sie holt aus ihrer Jackentasche ein Päckchen Zigaretten hervor, nimmt aber keine heraus, sondern fährt fort: „Ihr in der Stadt habt stabile Häuser, aber unsere armseligen Hütten werden wie Kartenhäuser umgeworfen. Sagen Sie mir, warum trifft es immer nur die kleinen Leute trifft, die ohnehin wenig oder gar nichts haben?"

Sie erwartet keine Antwort von uns, sondern erkundigt sich stattdessen nach Miguel, dem Alten, den wir, mutterseelenallein auf einer Kiste sitzend, vor seiner blauen Tür angetroffen hatten.

„Ich habe ihm versprochen, dass er ein neues Haus bekommt", sagt Beni. Er spürt den Zweifel der Frau. „Doch, das bekommt er. Wir sind dabei, Geld zu sammeln, und haben bereits einen ansehnlichen Betrag zusammen. Und damit es noch mehr wird, dafür wird hoffentlich mein Begleiter sorgen. Übrigens habe ich Miguel auch nach seinen Wünschen gefragt. Er hatte nur einen einzigen. Er möchte, dass wir die Tür, die das Erdbeben überstanden hat, in das neue Haus einbauen, so ausgetrocknet und rissig, wie sie ist. Neu streichen dürfen wir sie, aber in genau derselben Farbe!"

Ein Lächeln huscht über das Gesicht der Frau. „Sie wissen, dass er blind ist?"

„Er hat es uns gesagt, sonst hätten wir es vielleicht gar nicht bemerkt. Er bewegte sich so sicher, so zielgerichtet, als er auf uns zuging, uns die Hand gab, auf die Tür zeigte."

„Es ist in der Tat erstaunlich, wie er sich zurechtfindet, auch ohne Stock", bestätigt die Frau. „Er behauptet, er könne sogar Farben erfühlen."

„Er hat lange, fast zärtlich mit der Hand über die Tür gestrichen", bemerke ich.

„Mit der hat es eine besondere Bewandtnis", erklärt die Frau. „Das Haus hat sein Grossvater eigenhändig gebaut. Dort ist Miguel aufgewachsen, und dort hat er auch die längste Zeit seines Lebens verbracht. Als kleines Kind ist er durch eine Infektion erblindet, doch die blaue Tür hat er noch mit eigenen Augen gesehen. Allerdings ist sie seine einzige Erinnerung, eine umso kostbarere. Es ist schlimm genug, dass sein Zuhause in Trümmern liegt, wenigstens die blaue Tür ist ihm geblieben. Für ihn ist Blau die Farbe der Hoffnung."

„Uns hat er gesagt, er sei dankbar dafür, dass es ihm durch seine Blindheit erspart wird, die ganze Verwüstung mit ansehen zu müssen", ergänzt Beni.

„Hat er auch das Erdbeben von 1985 erwähnt? Das war noch schrecklicher."

Beni verneint.

„Ich denke, darüber darf ich schon sprechen, auch im Beisein eines Journalisten", meint die Frau. Sie nimmt jetzt eine Zigarette, die letzte, aus dem Päckchen, das sie darauf zerknüllt, aber nicht wieder wegwirft, sondern in der geschlossenen Hand behält, zündet die Zigarette an, nimmt ein paar Züge, während sie mit leicht hochgezogenen Augenbrauen zu überlegen scheint, was sie uns anvertrauen will, und beginnt dann zu erzählen, in ihrem dunklen Tonfall und ohne Hast, als blättere sie in ihrem Gedächtnis wie in einem Buch Seite um Seite um, und vergisst dabei, was um sie herum ist, ihre Zigarette, uns, die Zerstörung.

Das schreckliche Erdbeben von 1985 ereignete sich, auf den Tag genau wie das jetzige, am 19. September, so sagt sie uns, und es kostete insgesamt über zehntausend Menschen das Leben, auch Miguels Frau. Als die beiden heirateten, trafen sie eine Übereinkunft: Er, der wegen seiner Blindheit keiner bezahlten Arbeit nachgehen konnte, sollte wie bis dahin im Haus seines Grossvaters wohnen bleiben und sich um die kleine Tochter Teresa kümmern, die wenig später zur Welt kam, sie dagegen übernahm es, sich nach einem Verdienst umzusehen, der für das Auskommen der Familie reichte. Das bewährte sich. Erst kurz vor dem Erdbeben hatte sie eine Stellung im Haushalt einer Arztfamilie in Mexiko City angenommen, weil Teresa beabsichtigte, im Jahr darauf in der Hauptstadt ein Studium zu beginnen. Nun, nach dem Tod von Miguels Frau, musste umdisponiert werden. Teresa entschloss sich, in die USA zu gehen, illegal natürlich.

Sie fand rasch Arbeit, zuerst als Zimmermädchen und Kellnerin, dann als Telefonistin und später bei einer Werbeagentur, bei der sie noch immer ist, und schickte regelmässig einen Teil ihres Lohnes nach Hause. Sie, die Postangestellte, die mit Teresa seit klein auf eine enge Freundschaft verbindet, übernahm es, an Teresas Stelle dem blinden Vater zur Seite zu stehen. Daran hat sich in all den Jahren nichts geändert.

Die glimmende Zigarette ist inzwischen fast ganz zu Asche geworden, ohne dass ein Stück abgebrochen wäre, so ruhig hat sie die Frau in den Fingern gehalten. Erst jetzt schnippt sie die Asche zu Boden und drückt die Zigarette auf dem leeren Päckchen aus. „Sie werden es vielleicht nicht glauben, doch es ist wahr", fügt sie an. „Als Teresa in die USA gegangen war, stellte Miguel den Antrag, ihren Vornamen in Azzurra zu ändern. Das wurde nicht bewilligt. Aber ich glaube, er hofft noch immer, dass sie zu ihm zurückkehrt."

Beni ist sichtlich verwirrt. „Azzurra, die Blaue", wiederholt er zögernd und entschuldigt sich bei der Frau. „Wenn ich den alten Mann richtig verstanden habe, heissen doch auch Sie so?"

Die Frau schüttelt den Kopf. „Nein, ich bin Constanza. Da muss Miguel etwas verwechselt haben." Sie steht auf. „Kommen Sie, ich schreibe Ihnen meinen Namen, meine Adresse und das andere auf. Und Sie geben mir Ihre Kontaktdaten? Wir werden ja wegen dem Hausbau miteinander in Verbindung bleiben."

Im Büro füllt die Frau am Tisch in schwungvoller Schrift ein Blatt aus und schiebt es Beni zu, während er ziemlich lange in seinem Portemonnaie nach einer Visitenkarte herumfingert, bis er schliesslich eine findet und sie ihr geben kann. Ich habe mich derweil noch einmal umgesehen und mich entschieden, die Frau zu bitten, sich von mir fotografieren zu lassen. Ich sage es ihr.

Ihre grossen, dunklen Augen weichen den meinen aus „Draussen?"

„Aufnahmen von der Zerstörung habe ich bereits etliche“, antworte ich. „Lieber hier drinnen, und am liebsten hätte ich es, wenn ich Sie so fotografieren darf, wie ich Sie gesehen habe, als wir zu Ihnen ins Büro gekommen sind.“

„Wieso das?“, will sie wissen, aber als ich, unschlüssig, was ich antworten soll, nur mit den Achseln zucke, erfüllt sie meinen Wunsch widerspruchslos und setzt sich in Position. „So etwa?“ Dann fällt ihr ein, dass sie bei unserem Eintreten geraucht hat. „Irgendwo muss ich doch noch Zigaretten haben!“ Neben dem Aktenstoss findet sie ein angebrochenes Päckchen. Sie zündet sich eine Zigarette an und nimmt dann ziemlich genau die Haltung ein, die ich in Erinnerung habe, den einen Ellbogen auf die Tischplatte gestützt, den Daumen der Hand, die die Zigarette hält, nahe am Kinn. Nur der Blick ist anders. Ich weiss nicht recht, ist es aus Verlegenheit, Unsicherheit, Hilflosigkeit? Und ihr freier Arm liegt nicht lässig über der Stuhllehne, sondern ist an den Körper gelegt. „Okay so?“ fragt sie.

Ich nicke. Die sich selbst überlassene Frau am Tisch und der selbstgewisse Guerillero auf dem Bild geben ein paradoxes Paar ab, obschon sie miteinander verbunden sind durch das blaue Band des Wandanstrichs, in das sie hineinreichen, sie mit dem Kopf, er mit den Beinen. Zwischen ihnen dehnt sich die öde Leere des Raumes, hervorgehoben durch den einsamen Ventilator und einen von der Decke baumelnden Rest einer Papiergirlande. Ich fotografiere, danke und fotografiere ein zweites und drittes Mal.

Wir haben uns schon verabschiedet und uns dabei auch die Hand gegeben, da wendet sich die Frau noch schnell um, nimmt einen Zeitungsausschnitt von der Pinnwand und reicht ihn mir. „Einer der Inspektoren, ein Landsmann von Ihnen, hat das da gelassen. Vielleicht hilft es Ihnen beim Crowdfunding.“

Ich lese den Titel: „Rekordsumme für VS 1.“

Beni weiss Bescheid. „Für diese Autonummer wurden im Frühjahr bei der kantonalen Versteigerung im Wallis über hundertsechzigtausend Franken gezahlt“, erklärt er.

„Für das Geld könnten wir hier sechzehn Häuser wie das des alten Mannes bauen, mit blauer Tür und allem. Allerdings ist die Summe nur ein Klacks. Ich glaube, das teuerste Nummernschild ist die »1« in den Vereinigten Arabischen Emiraten. Die kostete um die zehn Millionen."

Bei Benis Worten ist in die Augen der Frau wieder die anfängliche Apathie zurückgekehrt, aber diesmal scheint sie mir nicht Ausdruck der Erschöpfung zu sein, sondern der Trauer.

Als wir zu unserem Auto kommen, entdecke ich, eingeklemmt unter dem Scheibenwischer der Beifahrerseite, einen weiteren Zettel.

„Doch nicht etwa ein Strafzettel?" fragt Beni.

Ich überfliege die maschinengeschriebenen Zeilen. „Nein, eher eine Art religiöses Traktätchen, eigentlich nur ein Gedankenanstoss oder eine Mahnwort", antworte ich und lese ihm vor: „Welche Kräfte es unter uns gibt, realisieren wir, wenn die Erde bebt. Was wird uns erst schütteln müssen, damit wir an die Kräfte glauben, die über uns sind?"

Beni gibt ein kurzes Schnauben von sich. „Dazu kommt mir nur Constanzas Frage in den Sinn: Warum trifft es immer nur die Armen?"

Autorenvita: Magnus Schleich

Magnus Schleich, geboren (1949)und aufgewachsen in Wiesloch in Baden, lebe ich seit bald 50 Jahren in der Schweiz, wo ich in Graubünden als Pfarrer, Gymnasiallehrer, Ausbildner für Religionslehrkräfte, Übersetzer und Redaktor der romanischen Beilage der Schweizer Kirchenzeitung »reformiert.« gearbeitet habe. Seit meiner Pensionierung widme ich mich dem Schreiben.

Ich bin verheiratet, habe drei erwachsene Kinder und wohne im Engadin. Im Tradition-Verlag habe ich die Romane: »Saul«, »Aus dem Leben des Julius F.« und den Erzählband: »Was bleibt« veröffentlicht.

Sven Schlickowey

Altmodisch

Das Problem ist ja, dass ich so furchtbar altmodisch bin.

Nicht diese schlechte Man-wird-ja-wohl-noch-Neger-sagen-dürfen-Altmodischkeit der ewig Gestrigen, dieses Festhalten an längst Vergangenem, jeder Vernunft zum Trotz, einfach weil es schon immer so war, auch wenn keiner genau sagen kann, warum eigentlich. Nein, die gute Altmodischkeit, die erst abwartet, ob etwas wirklich eine Bereicherung ist, Sinn ergibt und sich durchsetzt, bevor man sich draufstürzt und mitmacht. Allein der Blick auf die Technik der letzten Jahrzehnte gibt einem da ja schon recht. Was ist mir alles erspart geblieben: Video 2000 und Mini-Disc zum Beispiel, Pager, die, kaum dass man sie sich gekauft hatte, durch Mobiltelefone überflüssig wurden, die Geldkarte und Energiesparlampen, die zwar wirklich Energie sparten aber so viel Gift enthielten, dass man mit der durchschnittlichen Beleuchtungsanlage eines durchschnittlichen Einfamilienhauses locker ganze Landstriche auf Jahre hinaus verseuchen konnte. Und die erst nach gefühlten Stunden überhaupt vernünftiges Licht machten. Stattdessen warte ich ja lieber ab, ob es eine zweite und dritte Generation von neuen Geräten gibt. Dann weiß ich, dass das System zumindest auf dem Weg ist, sich durchzusetzen. Und billiger wird es meist auch. Natürlich ist man damit nicht ganz vorne mit dabei, so in Sachen Trendsetter, aber das würde sich ja ohnehin ausschließen mit der Altmodischkeit, irgendwie. Altmodische Trendsetter wären mir zumindest neu. Man muss ja auch gar nicht immer vorne mit dabei sein, eben auch nicht bei der Technik.

Wenn ich als Kind die Fußball-WM auf unserem alten Röhrenfernseher gesehen habe, damals wussten wir noch gar nicht, dass das ein Röhrenfernseher ist, es war einfach ein Fernseher, dann konnte ich kaum die beiden Teams voneinander unterscheiden, so schlecht war das Bild aus Mexiko, geschweige denn einzelne Spieler erkennen, die damals ja auch noch weder ihren Namen auf dem Trikot trugen noch zu Markenzeichen hochstilisierte Frisuren. Und ihre Schuhe waren alle schwarz. Einfach so, ohne was drauf. Wenn man daher kommt, dann ist jeder halbwegs moderne Flachbildfernseher, selbst der für 300 Euro bei real, eine echte Offenbarung. Und ich wüsste nicht, warum ich nun so tun sollte, als könne ich nur dann fernsehen, wenn es die Auflösung zulässt, dass ich die Barthaare der Protagonisten zählen kann. Der männlichen wie der weiblichen. Zumal solche Geräte heutzutage ja nicht nur die Ausmaße eines Kleinwagens haben, sondern etwa auch so viel kosten. Wo ich mich doch in vielen Fällen, ohne überheblich oder gar arrogant werden zu wollen, fragen muss, wie der sich das leisten kann. Manchmal scheint es fast so, als verhalte sich die Größe des eigenen Fernsehgeräts umgekehrt proportional zur Höhe des eigenen Einkommens. Außer natürlich die Ich-gucke-ja-gar-kein-Fernsehen-mehr-Fraktion, die gibt es nahezu in allen Einkommensschichten. Wobei so eine Doku auf Arte oder ein litauischer Autorenfilm im Original und maximal mit Untertiteln dann eben doch noch geht. Nicht dass ich mich automatisch gegen alles Neue wehre. Selbst das heute Alte war ja mal Neu. Das wird ja gerne mal vergessen. Ich frage mich manchmal, ob Konservative sich der Absurdität ihrer Ideologie bewusst sind. Nicht nur, dass sie in einer sich stetig verändernden Welt versuchen, Veränderung aufzuhalten, was in etwa so ist, als versuche man das Meer zu leeren, indem man es austrinkt. Sie erklären den Status Quo zum erhaltenswerten Zustand - wo doch gerade der das Ergebnis von Veränderung ist. Hätte nur einer ihrer ideologischen Vorgänger geschafft, was sie nun versuchen, hätte es den Zustand, den sie nun zu bewahren suchen, nie gegeben.

Ein Umstand, den man auch von besorgten Bürgern kennt, weil man ja nicht mehr Nazis sagen darf zu Menschen, die im Nazi-Jargon Nazi-Gedankengut verbreiten, die sich gegen Migration aussprechen, was sich ja eigentlich nicht gegen Migration im Allgemeinen richtet, sondern nur gegen solche von Menschen mit dunklen Augen und dunklen Haaren, wo diese besorgten Bürger doch selber das Ergebnis von Migration sind, in einem Land, das ja so mitten drin in Europa liegt, dass hier seit zehntausend Jahren andere Menschen durchkommen und teils auch ihre Nachkommen hier lassen, die wir nun mal sind. Und viele von uns längst dunkle Augen und dunkle Haare haben. Und wenn sich in etwa die gleiche Gruppe nun echauffiert, dass man nicht mehr Negerkuss und Zigeunerschnitzel sagen soll und dass Kinder gebeten werden, sich nicht mehr als Indianer zu verkleiden, dann vergessen diese Leute ganz offensichtlich, dass vor gar nicht mal allzu langer Zeit andere Menschen genauso der Überzeugung waren, dass die Frau sich dem Mann unterzuordnen hat und man Kinder mit Schlägen erzieht und Italiener klauen, wie sie heute meinen, dass Indianer-Kostüme und Negerküsse keine Diskriminierung sind. Und dass Polen klauen. Nein, Neues ist für mich nicht automatisch schlecht. Aber eben auch nicht automatisch gut. Selbst wenn es ganz euphorisch angekündigt wird. Oder sogar gerade dann. Man erinnere sich nur daran, mit welch blumigen Worten uns die angeblichen Entwicklungsfortschritte der deutschen Automobilindustrie in den letzten Jahrzehnten verkauft wurden. Nun sehen wir, was wir davon haben. Auch die Einführung des Privatfernsehens wurde einst gefeiert. Ein Satz, den man in diesem Zusammenhang einfach mal so stehen lassen kann. Wenn jemand versucht, mir eine Neuerung als Verbesserung anzupreisen, frage ich mich ja automatisch, welche Interessen dahinter stecken. Hinter der Neuerung. Und dem Anpreisen. So wie bei der Aufschrift "verbesserte Rezeptur" auf Lebensmittelverpackungen. Hat sich jemals irgendein Lebensmittel verbessert, wenn es die Industrie in die Finger bekommen hat? So mag die Rezeptur vielleicht verbessert sein – aber für wen?

Und natürlich ist auch die Frage erlaubt, warum Politiker, die zwar einen begrenzten und regulierten aber immerhin grundsätzlich vorhandenen Einfluss auf die Öffentlich-Rechtlichen hatten, der Einführung des Privatfernsehens, auf das sie formal gar keinen Einfluss haben werden, zugestimmt haben. Allein die Antwort, dass sie dem Druck der Werbeindustrie nachgaben, der die eher überschaubaren Werbefenster in den paar Programmen von ARD und ZDF nicht mehr ausreichten, ist recht profan. Und liefert doch eine gute Erklärung für vieles. Zum Beispiel dafür, warum ich nicht alles Neue automatisch gut finde. Zumal sich ja auch Dinge, die auf den ersten Blick ganz toll waren, später als weniger großartig erweisen können, Facebook zum Beispiel. Oder google. Oder Amazon. Oder das ganze verdammte Internet. Nicht jede Neuerung ist ja so offensichtlich Blödsinn, wie die neuen Bachelor-Studiengänge, die in einer Zeit, in der wir alle immer länger leben und arbeiten, immer früher immer jüngere Arbeitskräfte auf den Markt werfen, die dank ihrer Studium genannten monothematischen Schulbildung zwar mit Anfang Zwanzig universitär komplett ausgebildet sind, aber keine Ahnung vom Leben haben, weil sie ihres jeden Tag von 8 bis 16 Uhr in einem Hörsaal verbracht haben, statt im wahren Leben. Irgendwie warte ich tagtäglich darauf, dass die Unis und FHs Tafeldienst, Klassenbuch und Elternsprechtag einführen. Wobei man in diesem Zusammenhang ja zugeben muss, dass diese Neuerung eigentlich nur die konsequente Umsetzung eines alten Prinzips ist, stammt unser ganzes Schulsystem doch aus dem alten Preußen und wurde nun nur auf die Hochschule ausgeweitet. Die Preußen hatten sicherlich bei der Einführung der nicht das Ziel, gute Menschen zu schaffen, sondern eher gute Staatsdiener und gute Arbeitskräfte. Und vor allem gute Soldaten. Es gibt ja einen Grund, warum Schulen bis heute mehrheitlich wie Kasernen aussehen. Und warum früh aufstehen eine Tugend sein soll. Wo ich mich schon immer gefragt habe, worin die Leistung besteht, den eigenen Schlaf vorzeitig abzubrechen. Oder den anderer. Aber ich habe ja auch nur gesagt, dass ich nicht alles Neue automatisch gut finde. Das heißt ja nicht, dass alles Alte besser ist.

Doch jetzt bin ich auf etwas ganz und gar Neumodisches gestoßen, das ich vom ersten Moment an gut fand, als ich neulich meine neuen Nachbarn erstmals besucht habe. Da wohnten die schon eine ganze Weile nebenan, aber auch bei neuen Menschen sollte man ja erst abwarten. In ihrem Wohnzimmer stand ein kleines, unscheinbares Ding, rund und schwarz, aus dem Musik kam. Und nicht nur das, es spielte auch auf Zuruf andere Musik und schien einfach jeden Song dieser Welt zu kennen. Alexa, spiel The Race von Yello. Alexa, spiel die neunte Sinfonie von Beethoven. Alexa, spiel Metropolis von Kraftwerk. Alexa! Spiel! Das! Bergische! Heimatlied! Alles kein Problem für das kleine, unscheinbare, schwarze Ding. So etwas muss ich auch haben, dachte ich sofort. Besann mich dann eines Besseren und entschied, in der Sache erstmal abzuwarten. Zur Sicherheit. Gleichwohl wollte ich die Alexa natürlich nutzen. Und deswegen kaufte ich mir ein kleines Megaphon - und merkte mir genau, wo Alexa steht, praktischerweise auf einem Sideboard an der Wand, die sich mein Wohnzimmer mit dem der neuen Nachbarn teilt. Und so kann ich, immer wenn die beiden aus dem Haus sind, mit dem Megaphon Alexa durch diese Wand Musik zurufen, die ich hören will. Meist gefolgt von einem Alexa, lauter bitte, weil man durch die Wand sonst nicht wirklich viel hört. Vor ein paar Tagen merkte ich zudem, dass meine neuen Nachbarn auch Teile ihrer Beleuchtung und das Wohnzimmerrollo mit Alexa gekoppelt haben. Wenn mir also seither langweilig ist oder mir keine neuen Lieder einfallen, mache ich abwechselnd das Licht in Küche, Bad und Wohnzimmer an und aus und fahre das Rollo rauf und runter. Was wohl die Nachbarn im Haus gegenüber denken, frage ich mich manchmal. Gestern allerdings kam meine Nachbarin früher als sonst nach Hause, da war gerade das Rollo unten und das Licht in der Küche an. Als ich ihr Auto sah, machte ich natürlich sofort das Licht aus und fuhr das Rollo hoch, aber vermutlich hatte sie beides da schon gesehen. Daran, die vielleicht etwas zu laute Musik auszumachen, dachte ich erst, als meine Nachbarin schon im Treppenhaus war. Vermutlich waren noch ein, zwei Töne zu hören.

Und vermutlich hat sich die arme Frau etwas erschrocken, denn heute klingelte sie an meiner Tür und erzählte mir, dass sie entschieden hätten, Alexa wieder abzuschaffen. Und da hätten sie sich gedacht, wo ich bei meinem Besuch doch so begeistert gewesen sei von dem Gerät, ob ich es ihnen nicht vielleicht abkaufen wolle. Im Prinzip gerne, habe ich geantwortet. Allein: Das Problem ist ja, dass ich so furchtbar altmodisch bin.

Autorenvita: Sven Schlickowey

Sven Schlickowey, geb. 1977 in Wipperfürth, schreibt seit seinem 15. Lebensjahr für Zeitungen und Zeitschriften, unter anderem veröffentlichte er in der Westdeutschen Zeitung, dem Remscheider General-Anzeiger, der Süddeutschen Zeitung, der Kölnischen Rundschau, dem Solinger Tageblatt, dem Coolibri und bei einestages.de, dem Zeitzeugen-Portal von Spiegel-Online, zudem arbeitete er während seines Volontariats für die dpa und den WDR. Seit 2016 ist er leitender Redakteur beim Bergischen Boten.

Tobias Pagel

der erste ast, ein schattenloser strich

ein monochromer fingerzeig, der schwebt

ein hirngespinst, ins nebelweiß gedreht

wie eine lockere schraube, liederlich

die luft, die leere leinwand tritt zurück

gibt einen baumstamm frei, der dieses bildnis

erdet, ein neuer ausgangspunkt, die wildnis

gewinnt an fahlem boden, stück um stück

entblättern sich konturen, werden sicht

bar, zum begreifen nahe form und licht

noch wächsern, schwebend, leichterhand erzählt

man sich **die wiederkehr der farben** und

sieht den letzten vorhang fallen: bunt

wie ein traum kommt diese welt zur welt

immer sieht man erst die gewehrläufe
und dann zu viele pferde für die pistoleros
mit verwitterten prärievisagen die schienen
straenge im genick ein wanderndes deadend
irgendeiner wartet immer und dann
werden wir reich sein? so viele close-ups
und nur eine melodie wann sie wohl
diese blicke lernen zwischen den schüssen
alt wird hier keiner in dieser welt
aus staub und flimmer wie eine zu große
kulisse nur immer diese melodie
wortlos die felsen zeigefinger am abzug
es geht himmelwärts

hinter ihrem rücken
kniet der tag die
nacht am **rubikon**
hat einen langen arm

im januar

gesicht das flussbett wiegt

gezwängt ins stoppelschilf

ein strich in dem der nebel

hängt und der sich

an den enden flieht

die legion der tausend

füßler geht in reih und glied

er sieht ihm steht

das wasser bis zum hals

spät

lese in den auslagen: geschälte sonnen

stunden, erinnerungen fast schon

fern

der bug der letzten fähre

scheitelt dieses jahr im kielwasser

läuft der sommer aus

                  im café

gibt man den löffel ab

die tage sind

gezählt

dies sind die **berichte**

von dem was ich erfand

bindfäden halten dieses land

oder auch gedichte

sind geblieben

kartographien von küssen und chausseen

was habe ich gesehen?

was habe ich beschrieben?

warum? ich mag nicht ruhen

ich kann mich nicht entsinnen

was hab ich noch zu tun?

was bleibt noch zu beginnen?

Autorenvita: Tobias Pagel

Autor der Endausscheidung

Tobias Pagel, geboren 1981 in Sigmaringen, lebt und arbeitet in Konstanz als Lehrer, seit 2016 auch als Lehrbeauftragter für eine Textwerkstatt Lyrik an der Uni Konstanz. Studierte Germanistik, Geschichte und Sportwissenschaft sowie am Studio für Literatur und Theater in Tübingen. 2017 Stipendiat des Förderkreises deutscher Schriftsteller in Baden-Württemberg, Finalist beim 20. Leonce und Lena-Preis in Darmstadt und beim 25. Open Mike in Berlin. 2019 Finalist beim Irseer Pegasus.

Reimer Boy Eilers

Über dem Nordhorn

Wo graue Wolken fliegen,
verwandeln sie die Zeit.
Im Meer der rote Felsen
trotzt seiner Einsamkeit.
Die Sonn' wirft gelbe Flammen,
aus einem Wolkenriss
und hebt das Nordhorn leuchtend
aus seiner Finsternis.

Mehr Felsenbuchten hallen
mit tausendfachem Schrei.
Dreizehenmöwen fliegen
dicht an dem Horn vorbei.

Die Luft ist Salz und bitter
und scharfer Nadelstich,
ein Solitär das Nordhorn,
ein Inselkind für sich.

Es jagen dunkle Schatten
heut' weithin über See.
Grell türmt sich ein Gewitter
und Blitze zucken jäh.
Da rollt das Donnergrollen
bis an den Horizont.
Im Westen wird es heller,
ein Streifen liegt besonnt.

Dort zieh'n Containerschiffe
über die gleißende Kimm
wie bunt bemalte Riffe
in ungerührtem Trimm.

Wo die Gedanken enden,
stürzt sich der Fels ins Meer.
Ich kann noch Blicke senden
und hoff' auf Wiederkehr.

Vor der Brandung

Von der herzroten Klippe steigen wir ab
zum schwankenden Grund des Strandes.
Die tosende See lockt mit Wellentürmen,
die den Sand hinauflaufen und sich verpuppen,
bis sie menschliches Maß erreichen
und mit feinem Schaum prunken,
wie Spitzendecken einer freundlichen Natur,
und unsere Füße liebkosen.

Hinter dem Atem,
den der Wind uns von den Lippen reißt,
erwacht ein Sehnen und füllt die Brust.
Zu einem Geschehen ohne Worte sind wir bestimmt,
bestürzt über den Geschmack des Unheils,
das uns im Mund liegt, Algenduft
und ein salziges Gelüst, den Wasserzungen zu folgen,
die ablaufen, sich einrollen
und sich wieder in wogende Ungeheuer verwandeln.

Kiesel rasseln im trügerischen Schaum
wie erweckte Skelette.
Sturmmöwen schauen uns ins Herz
und nehmen die Sehnsucht auf ihre Schwingen.
Leichthin fliegen sie hinaus,
erhaben über jedes Bedenken,
dicht über dem Wellengetümmel,
getragen vom brausenden Wind,
und rufen nach uns.

Ihre Schreie übertönen die Böen,
die uns um die Ohren pfeifen,
und das Donnern der Brandung.
Der Wille zerstreut sich in die Vogellaute,
die Füße machen unschlüssige Tritte am Flutsaum,
und das aufgerührte unablässige Meer
löst den Eigensinn auf,
wie einen Klumpen von glitzerndem Salz.

Wenige Schritte sind es am Strand
bis zu der Schranke, die uns in der Welt erhält.
Wir fassen uns an der Hand,
als wir den Lockungen des wogenden Ungeheuers
nichts mehr entgegenzusetzen haben,
außer der Angst, die ihr Nest in der Kreatur baut
und die ein weiterer Vogel ist,
der für einen Herzschlag hinaus
aufs Meer fliegen könnte.

Frühmorgens die Düne

Es rufen laut die Gänse,
sie ziehen über's Meer.
Hinter der Düne glimmt schon
des Tages Wiederkehr.

Ich schaue auf der Klippe,
hoch oben unterm Dach,
aus meinem Kinderfenster
und bin doch gar nicht wach.

Stumm steigt durchs Morgengrauen
ein warmer roter Schein
und hüllt mit seinen Strahlen
den Kamm der Dünen ein.

Anders erwacht der Hafen
unten am Klippenfuß.
Ein Schiffshorn folgt den Gänsen
mit lautem Morgengruß.

Noch dreht in meinem Rücken
der Leuchtturm sein Fingerlicht
und greift durchs Abendfenster
nach meinem Traumgesicht.

Ich lande mit den Gänsen
am weißen Dünenstrand.
Die ersten Robben bellen
und schieben sich an Land.
Rasch treibt die Morgenbrise
den Seerauch in die Flucht.
Rosa murmeln die Wellen
im weiten Rund der Bucht.

Die Regenpfeifer tummeln
sich hungrig im braunen Tang.
Ich ziehe mit den Gänsen
den Muschelstrand entlang.

Meersenf baut lila Nester
weit über der Fluten Saum.
Im Anwurf glänzt ein Bernstein,
vielleicht auch nur der Schaum.

Jetzt ist es Zeit zu weichen.
Ich stehe unterm Dach.
Die Stunde muss mir reichen.
Der neue Tag ist wach.

Was das Herz begehrt

Na, Süßer, mal über die Schulter schauen?
Hier ist die Schmuckstraße, du Penner.
Das kriegst du nicht so leicht auf einen Nenner.
Hier siehst du Männer als sehr schöne Frauen
und Frauen als sehr schöne Männer.

Hallo, mein Süßer, wie, du sorgst dich um Gespenster?

Ach, dir ist so komisch zu Mute geworden …

Hungrige Rudel, meinst du, und steile Horden …

Also das ist Der-die-das-Kim in ihrem Fenster.

Ein Selfie? Eher würd' ich das Smartphone ermorden.

Echt? Kein süßes Pic mit Kim in der Näh'?

Himmel, nee!

Nun mach schon, mein Süßer!

Was soll das hier?

Ich bin doch kein kunterbuntes Tier.

Hier bin ich Gast auf Städtereisen.

Du hast mir schon genug erklärt

und hast mir glatt das Herz beschwert.

Gern werd' ich dir das Gegenteil beweisen,

mein Süßer. Diese Brust hat Sammlerwert.

Nun komm schon rein, du scheues Reh.

Ich schwör's, du bist ein Kenner.

Hier draußen hast du längst genug geschaut.

Die Shemale Kim, sie ist ein Renner

als Bräutigam wie auch als Braut.

Er ist sie und sie ist er

und schön sind keine Männer.

Autorenvita: Reimer Boy Eilers

Autor der Endausscheidung

Reimer Boy Eilers, geb. 1948, verlebte seine Kindheit auf den Hummerklippen mit einem Großvater als Leuchtturmwärter. 2018 Einladung zum Internationalen Poesiefestival in Pristina, Kosovo. Eilers ist Mitglied im PEN und im Rat für deutsche Rechtschreibung.

„Sprechen mit Seezungen" (gesammelte Gedichte), Verlag Expeditionen, 2017. https://de.wikipedia.org/wiki/Reimer_Boy_Eilers

Mechthild Bordt-Haakshorst

Verkrustungen

Sich aus den Verkrustungen schreiben

aus dem verkürzten Traum

der morgens aufsteht und geht

bevor wir erwachen

Aus der Dünung des Sommers am Strand

wenn sich das Meer in den Sand schlägt

Zeitaufnahmen – später nicht

mehr zu verstehen

Wohin aus doppelten Frühlingen

pocht die Schläfe bis

in die Fingerspitzen

Krähen Winter Schwarze Wasser

nichts setzt uns fort

wenn wir gehen

Ein Lichtstrahl

bleibt hängen an

der fremden Tür

So könnte es sein

Es ist Juli

der Atem

schlägt um

So könnte es sein

wenn die Zeit entweicht

kein Gedicht mehr kommt

ich ohne einen Kuss losgehe

die Haut den Geruch zusammenfaltet

das Auge deinen Körper nicht mehr umarmt

der Blick in kein Buch mehr schreibt

sich einschließt

der Mut keine Geschichte wird

ein fremder Morgen aufsteht

ohne uns fortgeht

Die Zeit schaut sich
nicht nach mir um
wenn sie geht

Fragmente

Fragmente
des Sommers
geliebt

Der Oktober
treibt es mit
dem Blätterbunt

Wir wollen nicht
versäumen die
singenden Nebel zu halten

Komm, lass uns gehen
solang die Hoffnung
mit den Augen wimpert

An einem Tag

An einem Tag im Mai
gehe ich ans Meer
blaudurchzogen mit uns
Wolkenflügeln
die Luft flüstert Gerüche

Erschreckt gefriere ich
Schrei der Ertrinkenden
der erträumte Himmel
rollt über die Verlorenen

Das Meer ein
getriebenes Wild
reißt die Wellen der Ufer
in den Schoß zurück
die Tafel des Todes überfüllt
junge Menschen im alten Meer

Mit gesenkten Augenlidern
beginnt ein neuer Tag
wir altern von Schmerz zu Schmerz

Ein Kind liegt atemlos am Ufer
totgeweint
Das Meer legte es ins Licht
unsere Sinne zerreißen
die Schönheit des Meeres zehrt an
die Gedanken krümmen sich
zum Nein

Als der frühe Nachmittag

Als der frühe Nachmittag
unter den gleißenden
Sommerhimmel trat
pochten seine Schläfen

Für einen Moment
passte die Welt
in einen Satz mit dem
Geschmack eines Kusses

Manchmal erreiche

ich mich durch dich

Lippen münden

auf Lippen

Autorenvita: Mechthild Bordt-Haakshorst

Autorin der Endausscheidung

Mechthild Bordt-Haakshorst wurde nach Kriegsende in Halberstadt geboren, seit 1952 in Essen wohnhaft, verheiratet, drei Kinder, Sekretärin, Mitglied der Literaturwerkstatt der VHS in Essen, Veröffentlichungen in verschiedenen Anthologien, Lesungen im Literaturtelefon, Veröffentlichung eines Gedichtbandes 1998, seit 2000 Mitglied des FDA. Nahm an vielen Lyrikseminaren teil, u. a. Anton Leitner in Wessling.

Beim Literaturwettbewerb 2008 gewann sie einen Preis in Esslingen, seit Anfang November 2015 ist sie Mitglied in der GEDOC Bonn.

Leander Beil

Kontamination

I.

Die Schlaggenauigkeit der Herzen / und wie
sie den Raum aufteilt in blinde Wartesäle.

Du bist vermerkt zwischen den Klappsitz-
Reihen, die Nummer eingestanzt auf dem

Handgelenk. Am Schalter, am Schalter:
Ein Spätsommer-Gähnen zerreißt deinen

Nachmittag, als gäbe es nichts Wichtigeres
als Jahreszeiten, als gäbe es was anderes

zum Luftholen als den silbernen Mottenstaub,
in dem du dich blind flatterst, Augen schließt.

In den Hinterzimmern, den Hinterzimmern

legen sie die Gesichter in Falten, entfalten

sorgfältig ihre Pläne, ergreifen das Wort.

Blind: «Zu der Verwendung in der NS-Zeit bemerkt der Zeitzeuge

Victor Klemperer: (…) [E]s bezeichnet den Idealzustand nazistischer

Geistigkeit ihrem Führer und jeweiligen Unterführer gegenüber.»

[Schmitz-Behring:

Vokabular des National-sozialismus (2007)].

II.

Unser ewiges Fluchen. Haben uns geeinigt

auf eine andere Sprache für dich, haben

Engelwatte ausgelegt unter die Glocken-

Schwere deines Kopfes / siehst du

in der Ferne die Leuchtkörperumrisse,

die Worte und ihre Fabelwesenmetrik?

Dein kahler Schädel, der leuchtet im Dunkeln,

der glüht / eine Götterfunkenstruktur langsam

verwebt im Gehirn, wie Musik, wie Musik.

Was mich längst schon beeindruckt, sind

die Ameisenkoloraturen, die kurzen Traum-

Anekdoten und all deine anderen Erzählungen,

die noch niemand versteht.

Ewig: «a) Emphatisch: auf immer dauernd; b) religiös überhöht: zeit-

los wie das Göttliche c) im Sinne der

Erbbiologie: die Einheit des Lebens in der ununterbrochenen Kette

der Erbträger. Ewig ist ein viel gebrauchtes Modewort der NS-Zeit.»

[Schmitz-Behring (2007)].

III.

Das fasert so schön / die Wolkenkaskaden
ziehen weiter, der Südhimmel zieht weiter

an uns. Im Gewebe hat die Zugspannung
was aufgerissen / all die losen Enden,

bitte los lassen, bitte frei lassen. Jetzt,
wo der Dämmstoff undicht ist, siehst du

die Glanzkuppel? / das Mondlicht, das
Mondlicht, das unsere Säfte beurlaubt,

unsere Sätze beendet. Mal sag ich: Man
hat dem Gewölbe eine Rippe genommen.

Mal du: Man hat ihn noch nicht gelegt,
den Schlussstein des ganzen Gebäudes.

Freiwillig: «Bezeichnung für gesetzlich nicht vorgeschriebene Abga-
ben, Leistungen, Mitgliedschaften, deren
Unterlassung in der Regel gravierende Nachteile nach sich zog.»
[Schmitz-Behring (2007)].

IV.

Ein Blatt Minze in den Mund gelegt / die Zunge,
die dunkelgrüne, das Waldmannmurmeln,

das Zwergenwimmern dahinter, dahinter
in den Ohren. Du kannst sie nicht schließen,

du kannst es nicht nicht hören. Die Wände sind
dünn / man könnte meinen, das Licht geht durch,

der faunische Klebstoff. Dahinter dreht sich
immer jemand um im Bett, am Fenster nach dir.

Du bist ganz erdbahnmatt, ganz organisch
verstellt vor lauter Umdrehungen / dieser Mond

und seine Kühlflüssigkeit lassen nicht los.
Die Ebbe, die Flut geben den Takt vor,

dem du nicht folgen kannst.

Organisch: «belebt, natürlich werdend und wachsend – metaphorisch bezogen auf die nationalsozialistische

Weltanschauung, die Partei, ihre Gliederungen, ihre Organisation» [Schmitz-Behring (2007)].

V.

Es gibt Dinge, die anstecken: mitternachts
diese Hinterhofleere oder auch tagsüber

ein Mann mit Tuba vor Sturmhimmel / hat er
den Parasiten geschultert, im Gleichschritt,

im Gleichschritt / die arthritischen Wolken
schwellen zu. Aber was gibt es zu sagen

zu deinem Immunsystem: Du bist gehüllt in
eine Flocke, deine Krankheit / als würde sie

dich schützen vor den Spätherbstmaschinen,
die immerzu Blatt um Blatt verblasen,

die paar letzten Leuchtklumpen am Straßenrand,

eine lieblose Dämmerung. Im Westen der USA

sagt man: Du hast den Kampf verloren.

Im Osten: Man hat dich nach Hause gerufen.

Parasit: «[D]ie Juden werden von Hitler mit biologischen Schadorganismen identifiziert, die beseitigt werden müssen,

um das Überleben des „Wirts" zu sichern.» [SchmitzBehring (2007)].

Autorenvita: Leander Beil

Leander Beil, geb. 18.08.1992 in München, promoviert in Geschichte an der LMU. Teilnehmer-Preis „Lyrik-Stier 2016". Endrundenteilnahme beim „International Poetry and Theatre Competition Castello di Duino" 2019. Veröffentlichungen in DAS GEDICHT u.a. Bd. 26 (Weßling 2018), „Mach dein erstes Türchen auf!" (Stuttgart 2016), „Heimat: Gedichte" (Stuttgart 2017), „Weggabelungen" (Wien 2017), „Gefangensein: Drinnen & Draußen" (München) 2018), „ETCETERA. Tanz auf dem Vulkan" (St. Pölten 2018), Das Ultimative Magazin (No. 89/2019), Cinema: Lyrikanthologie (2019).

Karl Johann Müller

am Strand

ich zähle deine Schritte

die Gischt sammelt Fußspuren

in Schaumnetzen

und du streust so

als wäre es beiläufig

Erinnerungen wie Salzkörner

in jedes Wellental

das Meer schwemmt

Strandgut an

es sind deine Worte

ich lasse sie liegen

und höre auf zu rufen

Wehmut

meine Knie find ich spitz
ich find sie auch im Garten
am Boden neben deinen Tulpen

jedes Jahr bin ich mit dir gewachsen
seit du nicht mehr kommen kannst
bin ich dünn geworden

ich dünge nur noch
deinen Garten
damit meine Erinnerungen
nicht verhungern

Hände

sie tragen keine Früchte mehr
wie noch im letzten Herbst

die letzten Beeren fallen
lange vor dem letzten Blatt
aus kalten Fingern weich
in einen letzten Schnee

ein letzter Abdruck
ein letztes sich Vertiefen
bevor der Schnee
geschmolzen
und beide Hände sich
ein letztes Mal berühren

mein Schuh

ich habe ihn mit meinen Füßen geteilt
er ging nach meiner Orientierung
nahm meine Richtung mir vorweg
nach Tausend Tagen fing er an
sich fremd zu laufen

da hab ich ihn verkauft

jetzt trink ich nachts
den Nebel von den Flüssen
ich esse Küchendunst
der auf dunklen Straßen liegt
und rede immerzu
mit obdachlosen Füßen

Schwerkraft

Schwerkraft

wäre es so
könnte es
sein
es sei an der Zeit
um
An- und Abstand
Sorge
zu haben
oder wäre es
sogar denkbar
Halt los
zu werden

Räume wurden nämlich
verwürfelt
stehen auf dem rechten Eck
alles fällt leicht
mit Schwerkraft
wie in einen Trichter

während die einen fallen

warten die anderen

auf den nächsten

Wurf

Autorenvita: Karl Johann Müller

Karl Johann Müller, geb. 1960 in Bludenz, Vorarlberg, Pädagogische Hochschule, tätig in der öffentl. Verwaltung, schreibt Lyrik und Kurzprosa, die bisher in Literaturzeitschriften (Wortschau, Maulkorb, silbende_kunst, Dichtungsring, Haller, Landstrich, die Rampe usw.) und Anthologien (Frieden.Lieben, Themenheft ÖSV 2018, Forum Land NÖ 2017 u.a.) erschienen sind, fünfmal Finale „zeilen.lauf" in Baden, Preisträger Hildesheimer Lyrikwettbewerb 2017, Mitglied bei „Literatur Vorarlberg". www.freiestheater.net

Renate Wunderer

Treibhauseffekt

Umkehrung der Temperatur
erklärt Wikipedia
vertauscht obere Luftschicht
mit der unteren
Inversion
schickt wärmende Strahlen
hinaus ins All

Hausgemachte Vernebelung
Drückt mich kalt
Zu Boden
Kein Schichtwechsel in Sicht
meldet der Wetterbericht
und der Klimagipfel
beschließt keine Umkehr

Geflügelte Worte

Durch meinen Bücherschrank

Blättere ich mich

Beflügelnde Worte

Suche ich

Zum Beginn

Einer neuen Arbeitswoche

Damit ich durchhalte

Damit ich standhalte

Der Arbeitswelt

Die rau genannt wird

Und hart

Wer hier nicht spurt

Ist aus der Bahn geworfen

Wer hier nicht mitspielt

Hat schon verloren

Wer sich nicht einsetzt

Hat schon ausgesessen

Wer nicht boxt

Ist schon geschlagen

Wer hier nicht mitschwimmt

Der f l i e g t

Flüchtling

Fern von der Heimat
führerlos
versetzt in die Fremde
im Fadenkreuz der Verhandlungen
flankiert von Verordnungen
vermessen

      fragmentarisch befragt

      Deutsch als Fremdsprache

      Ich bin geflohen

      vollendete Gegenwart

      Perfekt

      verstanden

Ich werde....
die Fangfrage

      unvollendete Zukunft

      ein Flüchtigkeitsfehler

fachkundig eingestuft
als Frachtgut verladen
fristlos
zurückversetzt
kein Futur auf Deutsch
für den Flüchtling

Verstehen Sie Spaß?

Das Schwarze-Peter-Spiel

Schwarz trägt Trauer und keine Tarnkappe

denn niemand hat Angst vor dem Schwarzen Mann

Eine heiße Spur legt das Lauffeuer

Malt den Neger an die Wand der Spätzünder

Was lange schwärt wird SCHWARZ-ROT-GOLD

Schlitzauge sei wachsam!

Nicht lange fackelt der Brandsatz

Überrascht der schlafende Nigger

Bratwurst im Schlafrock

Getürkt ist das Schauspiel

Im Schlammbad wälzt sich der Spaßvogel

Schon schminken Schlächter sich kreideweiß

Zum Himmel schreit schrill das Schwarze Schaf

und Sternschnuppen zaubert der Schlagstock

Stumm steht die schweigende Mehrheit

Schwarzbraun schäumt Starkbier
Stolz schwillt schwache Brust
MENSCH MEIER zeigt Flagge
Berauscht schwört der Volksmund
auf SCHWARZ ROT und GOLD

Schaumbad

verschleudert unter Wert

spukt mich aus

die Entlassungswelle

perlt Sekt-Krönchen

zum Abschied

fürsorglich versehen

mit Schwimmweste

sitze ich jetzt

auf dem Trockenen

verschaukeltes Strandgut

in den Sand gesetzt ist

wer ich war

und was ich bin

bleibt Schwindel erregend

verschwommen

Autorenvita: Renate Wunderer

Renate Wunderer, Diplom-Pädagogin, geb 1947 in Würzburg, wohnt seit 1975 in Coburg - Tätigkeiten in der Erwachsenenbildung – Mitglied der SCHREIBSAND-Autoren-Gruppe, Coburg, Veröffentlichungen in verschiedenen Anthologien.

Jürgen Flenker

keine einfachen lösungen

es gibt keine einfachen lösungen

wir müssen flüchtiger werden zwischen nestwärme und nachtfrost
es gibt kopfpauschalen und mischhaut es gibt
zahnersatz und problemzonen auf denkerstirnen es gibt
neiddebatten und schwebende verfahren

es gibt keine einfachen lösungen

wir müssen uns immer öfter mit einfachen fahrten begnügen
es gibt querverbindungen und zwischendecken es gibt
navigationssysteme für parallelwelten es gibt
schlüsselreize und dreiviertelhosen es gibt
verpflichtungsermächtigungen für den hormonhaushalt

es gibt keine einfachen lösungen

wir müssen uns hüten das klima noch zusätzlich anzuheizen

es gibt sommerfrische und winterharte es gibt

verbundnetze und easy going es gibt

kontrollmechanismen und laubsauger es gibt

frühblüher und wechselnde winde

es gibt keine einfachen lösungen

es wird immer wichtiger sich bewegliche ziele zu setzen

es gibt rotverschiebungen und kurzgebäck es gibt

wachstumsbäuche und flachglas es gibt

abwesenheitsassistenten und ersthelfer es gibt

veränderungssperren und fließende übergänge

es gibt keine einfachen lösungen

es ist endlich an der zeit unsere oberflächen benutzerfreundlich zu
gestalten

es gibt dienstmerkmale und kältebrücken es gibt

strategiepapiere und trennkost es gibt

seiteneinsteiger und öffentliche tränen es gibt

momentaufnahmen und ihre zeitnahe umsetzung

es gibt keine einfachen lösungen

wir müssen aufhören auf anwesenheit stur zu beharren

es gibt filettierbare wahrheiten und zwielicht es gibt

fragenkataloge und blutgrätschen es gibt

genussscheine und tote winkel es gibt

tiefenbohrungen und fluchttreppen

es gibt keine einfachen lösungen

wir müssen lernen uns auch der kleinteiligkeit zu öffnen

es gibt meinungshoheiten und scherzgrenzen es gibt

königswege und nutzholz es gibt

randgebiete und knautschzonen es gibt

seilschaften und böhmische dörfer

es gibt keine einfachen lösungen

es tut not die unterrichteten kreise zu stören

es gibt erkenntnistheorien und vorschlaghammer es gibt

trümmerbrüche und schwellenangst es gibt

phantomschmerzen und eiserne rationen es gibt

säumniszuschläge und triebverzicht

es gibt keine einfachen lösungen

es gibt immer noch etwas das kommt wenn nichts mehr kommt nach

es gibt ein lachen das nachhallt wie ein missratener schrei

es gibt keine törichten fragen

außer der nach der richtigen antwort

es gibt keine einfachen lösungen

ungerade tage

zerwühlter morgen du erwachst
wie du eingeschlafen bist
wehrlos auf dem rücken
und ahnst es sofort
dieser tag besorgt es dir ganz

einer von der sorte
die keine spesen zahlen
die nicht teilbar sind
außer durch sich selbst
und ihr eigenes karges elend

an solchen tagen
geht keine rechnung auf
alle humorkonten überzogen
die morgenandacht sparsam orchestriert
vom röcheln der kaffeemaschine

beim frühstück der untaugliche versuch
grundlagen zu schaffen
mit honigkuchen und quark
aus dem toaster rieselt der krumme rest
zwischen haben und sein

aber später der kontoauszugdrucker
schnurrt wie ein kätzchen
scharf gemacht vom schmutzigen soll
kommt er dir
mit lauter roten zahlen

und über allem das festgeldlächeln
deines teilnehmenden bankers
mundwinkel bis zur hohen kante
ein weiterer härtetest
für den dispo deiner geduld

so verlässt du die heiligen hallen
mit nichts in der tasche
als deiner zuckenden faust
und dass du keinen sprengsatz zündest
verbuchst du als langfristige anlage

vorerst aber bleiben solche bilder

gefangen im krawattenknoten

den du richtest vorm spiegel

in weißgekachelter gemütlichkeit

des herrenklos im büro

und neben dir der kollege

der noch rasch den scheitel nachzieht

spart sich wie du die konjunktive

montag sagt er sonst nichts

und dein nicken ist antwort genug

zentrifugalkräfte

auch ich aus den schwarzen wäldern

half mit den bestand an bäumen zu lichten

suchte die holzfreien bezirke

ich war ein schänder des papiers

worthangelte mich tapsig in eine gedachte mitte

aber die zentren spuckten mich an den rand

asphaltflechten schmücken seitdem meine fliehende

stirn ich bin der aus dem stahlbad

der vorstädte durchquere die grüne hölle

der naherholung jede nacht steige ich

ins tiefdepot meiner bestände hinab

schöpfe zwei drei kellen vom bacchantischen trunk

tagsüber halte ich mich heilignüchtern

ans tafelwasser aus eigener herstellung

meine verhältnisse sind salzarm und geordnet

man erkennt mich an den einschlägigen dienst

merkmalen am täglichen coming out mit dem hund

gespurte wege in unterzuckerten landstrichen

mitunter stöbern wir dabei ein paar liegen

gebliebene prophezeiungen auf die ich später

heimlich auf die nachtseite schaffe ich spare

jetzt auf ein nachsichtgerät für die dunkelziffer

zwischen den zeilen die kennst du doch auch

spätgedicht

zungenbeinbrüche

ein augenanschlag

das ausatmen der haut

das allmähliche ausschleichen

der bedeutungen

das versinken

in den fußnoten

der moment wenn dir

das hörensagen vergeht

das stromern

gegen den fluss

trittfeste

und andere wege zum glück

kein mittel

gegen den nachtzuwachs

täglich der auszug

aus dem inneren exil

täglich die frage

wo bin ich

wenn ich außer mir bin

Autorenvita: Jürgen Flenker

Jürgen Flenker, geb. 1964 in Coesfeld zwischen Kirchenglocken und Knochenschinken, Verlagsangestellter, verschiedene Literaturpreise, zuletzt Lyrikpreis postpoetry NRW 2014 und Lyrikpreis des Landschreiber Literaturwettbewerbes 2018, verschiedene Einzelveröffentlichungen, darunter der Gedichtband „das argument der kletterrosen (2007) und zuletzt die Kriminalromane „Ebers Ende" (2013) und „Das Rattenorakel" (2017), lebt in Münster

Hans-Werner Kube

bis dass der Tod

ich bin ganz sein
er macht mich kaputt
ich will ganz sein

wenn man uns trennt
dann geht was kaputt
nur noch Fragment

mein Rollstuhlmann
mit kräftigem Arm
mein Rollstuhltyrann

der Griff in mein Haar
das Blut auf dem Tisch
wir sind doch ein Paar

wir kannten uns kaum
wir waren sehr jung
der Eltern ihr Traum

der Griff in mein Haar

mein Kopf an der Wand

der Schwur am Altar

das Nasenbein knackt

wir sind doch ein Fleisch

zusammengesackt

die Sirene singt so schön

übertönt mein Gestöhn

die Sirene singt so schön

ein Unfall im Betrieb

grad frisch vermählt

wir hatten uns lieb

er hat das Geld

ich bin nur gestürzt

hab mir was geprellt

er kontrolliert

er braucht mich doch auch

er manipuliert

ich bin ganz sein

es macht mich kaputt

ich will doch ganz sein

Feuerteufel im Paradies

im Lebensgarten blüht die Glut

der Baum des Lebens lodert gut

das Lebenshaus ein Scheiterhaufen

der Lebenslauf geknickt, zerlaufen

Feuerteufel im Paradies

Inferno ist nicht mehr fern

Höllenfeuer im Paradies

am Himmel leuchtet kein Stern

es sind Menschen erstickt

es sind Menschen verbrannt

es werden Menschen vermisst

es werden Namen genannt

war denn niemand vorbereitet

war denn niemand alarmiert

wurde niemand angeleitet

hatte wer was ignoriert

Feuerteufel im Paradies

Inferno ist nicht mehr fern

Höllenfeuer im Paradies

am Himmel leuchtet kein Stern

Feuer

ach dass doch bald ein Feuer fiele
auf Pfandleihhaus und Börse, Bank
auf Sportpalast und Brot und Spiele
die höchsten Türme, rank und schlank

auf Elendsviertel, Luxusschlitten
auf Tempel und Altar und Schrein
auf Einkaufsparks und neue Mitten
auf jedes Unrecht, jeden Schein

ach dass doch bald ein Feuer quölle
aus tausend Quellen tiefer Qual
ein Feuer mitten aus der Hölle
das flöss vom Berg hinab ins Tal

in Schützengräben, die nichts schützen
in Minenfelder, wo nichts sprießt
auf Landgewinne, die nichts nützen
auf jedes Blut, das man vergießt

ach dass doch bald ein Feuer brennte

in meinem Herzen, meinem Geist

das reines Gold von Schlacke trennte

das schmölze, was so lang vereist

das neu die Glut in mir entfachte

die Glut, die unter Asche ruht

erst flackernd, leise, sachte

dann lodernd, voller Wucht und Wut

landen

wirf deinen Anker aus
bei uns kannst du landen
wirf deinen Anker aus
du musst nicht stranden

komm an Land
es ist ein freies Land
halbwegs frei
freier als deins wohl
alles kannst du tun und lassen
es muss zu uns passen

komm an Land
es ist ein sichres Land
halbwegs sicher
sichrer als deins wohl
Gut und Böse gibt es immer
doch mach es nicht schlimmer

komm an Land

es ist ein gerechtes Land

halbwegs gerecht

gerechter als deins wohl

es gibt Rechte, es gibt Pflichten

für alle Schichten

komm an Land

es ist ein soziales Land

halbwegs sozial

sozialer als deins wohl

keiner soll durchs Fangnetz fallen

Gemeinwohl gilt allen

komm an Land

es ist ein teures Land

relativ teuer

teurer als deins wohl

alles muss hier wer bezahlen

Geld fällt nicht aus Schalen

wirf deinen Anker aus

bei uns kannst du landen

wirf deinen Anker aus

du musst nicht stranden

Sonntag kommt

(nach Ken Medema, „Sunday's Coming")

das Friedensbanner wird verbannt am Freitag

das Kriegsbiest feiert seinen Reichsparteitag

Angst geht um und Hoffnung liegt im Sterben

Kinder schrein, der Drache speit Verderben

doch Sonntag kommt, zum Glück

schärfe deinen Sonntagsblick

nimm vom Wunderbrot ein Stück

blick nach vorn und nicht zurück

Sonntag kommt, zum Glück

Vorurteil und Stolz sieht man stolzieren

Betrüger, Räuber, Mörder, sie regieren

Hass frohlockt und Toleranz muss sterben

die bunte Wahrheit will man rasch entfärben

doch Sonntag kommt, zum Glück

schärfe deinen Sonntagsblick

nimm vom Wunderbrot ein Stück

blick nach vorn und nicht zurück

Sonntag kommt, zum Glück

die Hungrigen erwarten ihren Retter

das Rad des Schicksals macht den Reichtum fetter

der Rufer ruft nach Recht, es liegt im Sterben

die Wahrheit schreit, man schlägt sie ja in Scherben

doch Sonntag kommt, zum Glück

Autorenvita: Hans-Werner Kube

Hans-Werner Kube, geboren 1953 in Leverkusen-Opladen, seit 1983 verheiratet, 3 Söhne. Er lebt seit 2001 in Witten, war Finanzbeamter, Zivi, Gemeindepastor, Verwaltungsangestellter, ist seit 2018 Rentner und arbeitet als Teilzeit-Redakteur. Er ist Mitglied im Autorenkreis Ruhr-Mark e.V., Hagen, leitet den Wittener Autorentreff und veröffentlicht Lyrik in Anthologien, Zeitschriften, Zeitungen.

Beiträge z. B. in Herholz (Hrsg.), Stimmenwechsel – Poesie längs der Ruhr, Klartext, Essen 2010;

Leitner (Hrsg.), Der Himmel von morgen – Gedichte über Gott und die Welt, Reclam, Ditzingen 2018.

Felix Reinhuber

freiburg – wien

september 2018

rückende zeiger. kränkliche tauben.
gleise. kies. und zigaretten. pinien-
nadeln gleich impfen sie den blick
gegen das alltägliche: wegmarken
längs der strecke, gotische ausrufe-
zeichen: ulmer münster, stephans-
dom. so schroff im postmodernen
farbenspiel. ein durch- und unter-
brochener jahrhunderttext in stein.

zwischen diesen andre schlanke
türme: *bosch, enbw.* neckarsilber-
sterne deutscher handelshimmel.
unter diesen kettenglieder der
gesellschaft: *edeka*, aral. meta-
physich blau – am wohlstands-
horizont: *ikea.* auf solarfeldern
fahren e-bikes jugend hinterher.
heuballen, weiß wie camembert.

zwischen kirchtürmen, schornstein-
türmen sich, hünenhaft, dennoch
flink, mephistos helfer aus faust
zwei, vier-, sechsarmig: magie für
licht und wärme über land. masten
im meer aus mais, wo september-
sonne still zersplittert: fensterglas-
pixel in den linsen. oben kerosin-
sünden. weiße cursor. desktopblau.
anfangs: die idylle. vor dem rhein
novalisblaue nadelhänge. märchen-
wald wird licht, luft . . . germanien
fast schon gallien. nun, am abend:
verblichnes weiß. trakls todessüßes
salzburg. barocker dom. grünspan-
kuppeln wie absinth. mozartort . . .
führerort. das *großdeutsche* erbe.
alpen . . . gefahren des erhabnen.

schatten längen sich bis wien.

im tunnel huschen lichterserien

vorbei . . . punkte der geschichte.

morgens strahlt die kaiserstadt:

prunk. pastell. die lofts und rooftops.

lächeln von klimts femmes

fatales. eliten unter sich, liften

in die zukunft. an rändern bleibt

latentes gestern. wie in büchern.

nocturne

glanz von chrom. sternenschweife, statisch:
dieses hartlicht leerer transiträume. neon.

tafeln, bläulich, ohne zeit und ohne ziel.
mars, milky way im schrein: opfergaben

ohne adressaten. hochglanz, der rotierend
summt – umwirbt die stummen bänke.

stumme treppen. halten. warten . . . glas-
waben in der ferne: schein der industrie-

türme, hallen, höfe. weicher rauch. klang-
felder voll motoren und metall: endlos

endlos. blick auf digitale uhren, pixelorte.
ferner satellit auf seinem weg durchs all.

netze, arachnoid, elektrisch glimmend
auf der erde. hier, im müden neo-cortex.

einfahrt ins skelett der nacht: stahlthorax
eines futuristisch kargen urzeitwesens.

. . . einzeln driftend: plankton, humanoid.

Limit

zerklüftet. graue oberflächenwüste.
die letzte terra incognita der erde:

von elektrostürmen, von kaskaden
versehrt und fruchtbar. geteiltes land

der zellen und konzeptpaläste: dual-
ismus – fluch so vieler philosophen.

ein ganzer kosmos hier verkapselt:
sterne, sonne, blüte, korn – parallel-

geschaltet. der urspung aller freuden-
tränen. dein plastisch vorgefundenes

genie. hört niemals, keine tausendstel-
sekunde auf zu feuern, zieht ein fünf-

tel deiner energie . . . bis am wüsten-
horizont die linie sich nicht mehr

hebt –

poseidonia

nachts bestrahlt – und belauscht von dem zikadenfunk:
rippen, bleichend im schwarz, extraterrestrisch, raum-
schiffen gleich in der ebne,
ewigkeiten schon stationär:

tempel – dorisches hoch, höher – aus griechen-ur-
sprung durchs meer, durch die grand tour bis in unsre zeit:
maueraura des mytho-
logos, orthogonales macht-

wort ins mediterranblau – der unesco-strom,
aufrecht staunend und bunt, jung im skelett, so be-
schattet von befremdlicher
form . . . die eidechsen zischeln fort.

Lacrimosa

laterne lockt

den abendblick

— durchdunkelt —

korona, zentrum

deines kosmos.

im supermarkt

das *lux aeterna*: theken,

schneisen, canyons.

— gähnend —

die paradoxa.

rex tremendae maiestatis,

massereich, sucht nach super-

nova, milliardenfache

aura,

hüllenimplosion

. . . doch *das weltall*

wird sich nicht *entzünden* . . .

mäh den rasen.

durch hecken dringt ein

dies irae aus dem nachbargarten.

schauern, fallen, fallen

perseiden, satelliten.

laubpartikel

in den

laich.

durch plasma und

kristallliquide

zittern

alte zeiten.

einst,

zahllos: quallen,

gallert-, stern-

haufen am strand.

hand am lenkrad,

leere küstenstraßen,

ohne feuchtigkeit im

auge

lockt das meer, der fels

bei dämmerung: aus-

blick ohne schau.

transmitter-

ebbe, nacht

der seele

brandet

dich:

ton-

los.

Autorenvita: Felix Reinhuber

Felix Reinhuber, *1990 in Herrenberg, lebt in Freiburg. BA-Studium English and American Studies und seit Mai 2019 abgeschlossenes Staatsexamen in Deutsch und Englisch an der Universität Freiburg. Einjährige Auslandsaufenthalte in Washington DC. und an der Durham University, UK. Lyrik-Publikationen in entwürfe 85 (2018) und The Freiburg Review 3 (2016). Seit 2018 Mitorganisator des Freiburger Lesungsprojekts FAST|WAS für Lyrik und Prosa: https://www.facebook.com/fastwas/.

Christiane Bühling-Schultz

Stellvertreter

Sitze

unter dem alten Walnussbaum

beim Großvater

den ich nicht hatte

Streichle

die federnden Kosmeen

wie eine zärtliche Mutter

die ich nicht hatte

Spalte

das Eichenholz

mit der Kraft des Vaters

den ich nicht hatte

Binde

blaue Schleifen ins Haar

für das Kind

das ich nicht war

Augenwinkel

Was macht es
wenn wir
Tag aus Tag ein
am Matratzenlager
unter der Bahnbrücke
vorbeigehen

Aus dem Augenwinkel
erwischen wir
Essensreste
auf dreckigen Pappen
ausgeblichene Buchstaben
auf zerschlissenen Tüten
das Paar Pantoffeln
in Reih und Glied
vor der Matratze

Was macht es

wenn wir

Tag aus Tag ein

am Matratzenlager

unter der Bahnbrücke

vorbeigehen

Nur

im Augenwinkel

Wandlung

Das Wort ward Gewalt

und schlug mich k.o.

Bis ich aufstand

und das Wort

eine Feder ward

Perlenstunde

Der Austernpanzer
schalenfest verschlossen
Die Perlenstunde
schlägt noch nicht

Wenn die Uhrzeiger
die Stunden überspringen
sie zu überrumpeln
gedenken
bleibt sie
ziffernlos

Ihr Glanz
nimmt sich Zeit

Kunstkauf

Gebotoxte Gesprächsblasen
aus gebleichten Wortfalten

Topsegment
Rankingplatz eins
Globale Warteliste
Collection in Katar
Millionenexpertise
Investition in die Zukunft
Unschlagbares Angebot
Zollfreilager in Hongkong
Einmalige Performance
Lifestyle optimieren
Marktwert verdreifachen

Jedoch

Keinen eigenen Blick

gewagt

nichts ins

Wanken gebracht

keinen Gedanken

vertieft

keinen Anker gesetzt

an neuen Ufern

Autorenvita: Christiane Bühling-Schultz

Christiane Bühling, geb. 1960 in Berlin, 1978-84 Studium der Germanistik und Romanistik, FU Berlin, 1. Staatsexamen, 2. Staatsexamen 1988, seit 1989 Galeristin und Autorin für zeitgenössische Kunst, lebt und arbeitet in Berlin

Veröffentlichungen Lyrik: Die süße Jagd nach Bitternissen, Aphorismen- und Gedichtwettbewerb 2016/17, Hrsg. St. Hölscher, Alfred Büngen u.a., Geest Verlag 2017.